京華通覽

西山永定

主编/段柄仁

香山静宜园

袁长平/编著

北京出版集团公司
北京出版社

图书在版编目（CIP）数据

香山静宜园 / 袁长平编著. — 北京 ：北京出版社，2018.8
（京华通览）
ISBN 978-7-200-13447-6

Ⅰ. ①香… Ⅱ. ①袁… Ⅲ. ①古典园林—介绍—北京 Ⅳ. ①K928.73

中国版本图书馆CIP数据核字（2017）第266538号

出版人 曲 仲
策 划 安 东 于 虹
项目统筹 董拯民 孙 菁
责任编辑 董拯民
封面设计 田 晗
版式设计 云伊若水
责任印制 燕雨萌

京华通览
香山静宜园
XIANG SHAN JINGYI YUAN
袁长平 编著
*
北京出版集团公司
北京出版社 出版
（北京北三环中路6号）
邮政编码：100120

网 址：www.bph.com.cn
北京出版集团公司总发行
新华书店经销
天津画中画印刷有限公司印刷
*
880毫米×1230毫米 32开本 9.625印张 186千字
2018年8月第1版 2022年11月第3次印刷
ISBN 978-7-200-13447-6
定价：45.00元

如有印装质量问题，由本社负责调换
质量监督电话：010-58572393

序

PREFACE

擦亮北京“金名片”

段柄仁

北京是中华民族的一张“金名片”。“金”在何处？可以用四句话描述：历史悠久、山河壮美、文化璀璨、地位独特。

展开一点说，这个区域在70万年前就有远古人类生存聚集，是一处人类发祥之地。据考古发掘，在房山区周口店一带，出土远古居民的头盖骨，被定名为“北京人”。这个区域也是人类都市文明发育较早，影响广泛深远之地。据历史记载，早在3000年前，就形成了燕、蓟两个方国之都，之后又多次作为诸侯国都、割据势力之都；元代作为全国政治中心，修筑了雄伟壮丽、举世瞩目的元大都；明代以此为基础进行了改造重建，形成了今天北京城的大格局；清代仍以此为首都。北京作为大都会，其文明引领全国，影响世界，被国外专家称为“世界奇观”“在地球表面上，人类最伟大的个体工程”。

北京人文的久远历史，生生不息的发展，与其山河壮美、宜生宜长的自然环境紧密相连。她坐落在华北大平原北缘，“左环沧海，右拥太行，南襟河济，北枕居庸”“龙蟠虎踞，形势雄伟，南控江淮，北连朔漠”。是我国三大地理单元——华北大平原、东北大平原、蒙古高原的交汇之处，是南北通衢的纽带，东西连接的龙头，东北亚环渤海地区的中心。这块得天独厚的地域，不仅极具区位优势，而且环境宜人，气候温和，四季分明。在高山峻岭之下，有广阔的丘陵、缓坡和平川沃土，永定河、潮白河、拒马河、温榆河和蓟运河五大水系纵横交错，如血脉遍布大地，使其顺理成章地成为人类祖居、中华帝都、中华人民共和国首都。

这块风水宝地和久远的人文历史，催生并积聚了令人垂羡的灿烂文化。文物古迹星罗棋布，不少是人类文明的顶尖之作，已有 1000 余项被确定为文物保护单位。周口店遗址、明清皇宫、八达岭长城、天坛、颐和园、明清帝王陵和大运河被列入世界文化遗产名录，60 余项被列为全国重点文物保护单位，220 余项被列为市级文物保护单位，40 片历史文化街区，加上环绕城市核心区的大运河文化带、长城文化带、西山永定河文化带和诸多的历史建筑、名镇名村、非物质文化遗产，以及数万种留存至今的历史典籍、志鉴档册、文物文化资料，《红楼梦》、“京剧”等文学艺术明珠，早已成为传承历史文明、启迪人们智慧、滋养人们心灵的瑰宝。

中华人民共和国成立后，北京发生了深刻的变化。作为国家首都的独特地位，使这座古老的城市，成为全国现代化建设的领头雁。新的《北京城市总体规划（2016年—2035年）》的制定和中共中央、国务院的批复，确定了北京是全国政治中心、文化中心、国际交往中心、科技创新中心的性质和建设国际一流的和谐宜居之都的目标，大大增加了这块“金名片”的含金量。

伴随国际局势的深刻变化，世界经济重心已逐步向亚太地区转移，而亚太地区发展最快的是东北亚的环渤海地区、这块地区的京津冀地区，而北京正是这个地区的核心，建设以北京为核心的世界级城市群，已被列入实现“两个一百年”奋斗目标、中国梦的国家战略。这就又把北京推向了中国特色社会主义新时代谱写现代化新征程壮丽篇章的引领示范地位，也预示了这块热土必将更加辉煌的前景。

北京这张“金名片”，如何精心保护，细心擦拭，全面展示其风貌，尽力挖掘其能量，使之永续发展，永放光彩并更加明亮？这是摆在北京人面前的一项历史性使命，一项应自觉承担且不可替代的职责，需要做整体性、多方面的努力。但保护、擦拭、展示、挖掘的前提是对它的全面认识，只有认识，才会珍惜，才能热爱，才可能尽心尽力、尽职尽责，创造性完成这项释能放光的事业。而解决认识问题，必须做大量的基础文化建设和知识普及工作。近些年北京市有关部门在这方面做了大量工作，先后出版了《北京通史》（10卷本）、《北京百科全书》（20卷本），各类志书近900种，以及多种年鉴、专著和资料汇编，等等，为擦亮北京这张“金名片”做了可贵的基础性贡献。但是这些著述，大多是服务于专业单位、党政领导部门和教学科研人员。如何使其承载的知识进一步普及化、大众化，出版面向更大范围的群众的读物，是当前急需弥补的弱项。为此我们启动了《京华通览》系列丛书的编写，采取简约、通俗、方便阅读的方法，从有关北京历史文化的大量书籍资料中，特别是卷帙浩繁的地方志书中，精选当前广大群众需要的知识，尽可能满足北京人以及关注北京的国内外朋友进一步了解北京的历史与现状、性质与功能、特点与亮点的需求，以达到“知北京、爱北京，合力共建美好北京”的目的。

这套丛书的内容紧紧围绕北京是全国的政治、文化、国际交往和科技创新四个中心，涵盖北京的自然环境、经济、政治、文化、社会等各方面的知识，但重点是北京的深厚灿烂的文化。突出安排了“历史文化名城”“西山永定河文化带”“大运河文化带”“长城文化带”四个系列内容。资料大部分是取自新编北京志并进行压缩、修订、补充、改编。也有从已出版的北京历史文化读物中优选改编和针对一些重要内容弥补缺失而专门组织的创作。作品的作者大多是在北京志书编纂中捉刀实干的骨干人物和在北京史志领域著述颇丰的知名专家。尹钧科、谭烈飞、吴文涛、张宝章、郗志群、姚安、马建农、王之鸿等，都有作品奉献。从这个意义上说，这套丛书中，不少作品也可称“大家小书”。

总之，擦亮北京“金名片”，就是使蕴藏于文明古都丰富多彩的优秀历史文化活起来，充满时代精神和首都特色的社会主义创新文化强起来，进一步展现其真善美，释放其精气神，提高其含金量。

2017 年 11 月

目录

CONTENTS

写在前面的话
——品读香山静宜园的人文生态之美 / 1

历史沿革
历史沿革 / 1

自然环境
山川、水系 / 26
气候物候 / 32

植被资源
湮没名木 / 38
现有名木 / 40
香山红叶 / 41

动物资源

鸟　类 / 45

留鸟类 / 45

候鸟类 / 48

昆虫类 / 50

四季景观

春境如花 / 54

夏境如滴 / 57

秋境如醉 / 59

冬境如画 / 63

皇家宫苑

康熙行宫 / 68

香山静宜园 / 69

二十八景 / 75

见心斋 / 114

宗镜大昭之庙 / 115

带水屏山 / 125

知时亭 / 127

著名景观

十八盘 / 129

重阳阁 / 130

西山晴雪碑 / 131

璎珞岩 / 132

栖月山庄 / 133

知松园 / 134

佳日园 / 135
眼镜湖 / 136
静翠湖 / 137

香山名亭

绿筠深处 / 140
望峰亭 / 141
多云亭 / 141
阆风亭 / 142
森玉笏亭 / 143
朝阳洞亭 / 144
白松亭 / 144
栖月亭 / 145
双清红亭 / 145
看云起亭 / 146
多景亭 / 147
知鱼亭 / 147
觐憩亭 / 148
半山亭 / 149
重翠亭 / 149
佳日亭 / 150
来秋亭 / 150
踏云亭 / 151
紫烟亭 / 152
对瀑亭 / 152

翠微亭 / 153
隔云钟 / 154
蚂螂亭 / 155

古迹遗踪

炼丹井 / 158
妙高堂 / 158
祭星台 / 158
松顶明珠 / 159
护驾松 / 159
金界香莲寺 / 159
仁王佛阁寺 / 159
梦感泉 / 159
辽王坟 / 160
望都亭 / 160
荷花池 / 160
观音阁 / 161
玉乳泉 / 161
洪光寺 / 161

私人别墅

双清别墅 / 166
雨香馆遗址 / 170
梯云山馆 / 171
松云别墅 / 172
玉华三院 / 173

芙蓉馆 / 174
森玉笏遗址 / 176
重翠崦遗址 / 177

古园新貌

勤政殿 / 182
致远斋 / 184
香山大永安禅寺 / 192
晞阳阿 / 206
欢喜园 / 209

碑文石刻

碑　文 / 219
明代 / 219
清代 / 220
石　刻 / 223
清代 / 223
民国时期 / 237
现代 / 237
香山御印 / 240

诗文集萃

诗　文 / 248
散　文 / 277

参考书目 / 290
后　记 / 291

写在前面的话

——品读香山静宜园的人文生态之美

中国园林艺术是自然环境、建筑、诗画、楹联、雕塑、石刻、特色植物等多种艺术元素的综合。情景交融是园林美欣赏的最高境界。园林意境是产生于园林意域的综合艺术效果，给予游赏者以情意方面的信息，唤起对以往经历的记忆联想，产生物外情、境外意。意境是中国千年来园林设计名师巨匠们所追求的核心，也是使中国园林具有世界影响力的内在魅力。

纵观香山作为皇家园林萌芽、形成及发展的历史，可以发现构建中国古典园林生态观的老庄、禅宗及儒家三大哲学理念，已早为金元、明清历代帝王及文人墨客所运用。特别是清乾隆皇帝在其园林设计与营造中因借香山特有的自然、原生、乡土的环境，创作出一个与周围环境（尤其是自然生态环境）相统一、人与自然万物相亲和、凝聚中华民族深厚文化底蕴、充满着诗情画意的山居园林环境，宛如天开地表现出香山真山真水的自然美，表达着人与天地万物相和、相亲的艺术境界。可以说具有诗人画家气质的乾隆皇帝使香山在有限的山水空间中创造出无限之美的园林意境，使静宜园成为建筑与园艺构思的完美结晶，成为自然美与人文美的巅峰融合，体现了峰含画境、谷壑流清、古木繁花、鸟依客语、鹿鹤相伴的极致意境，营造出集赏玩憩居于一体、人与自然共和谐的完美境域。

峰含画境、势育空灵，尽显丹青胜境之美

《易经·说卦》以“润万物者，莫润乎水。终万物者始万物者，莫盛乎艮”的朴素生态观概括出自然山水对人类的重要性。生长于斯的人，又有谁不留恋坐看云起时的山光水色呢。明代造园家文震亨在《长物志·室庐》中感慨道：“居山水间为上，村居次之，郊区又次之”，峰回水绕，自是景中上佳。而位于京城西郊的香山静宜园，正是这样一处得天独厚的营囿奇地。

香山为太行山余脉，位于西山东坡腹心，是西山山梁东端的枢纽部位，主峰神秀，三面环山，向东延绵的南北二脉，围合形成静宜园区的主体地貌，“万山突而止，两岭南北抱”，形成“众山拱伏，主山始尊，群山互盘，祖峰乃厚”的形貌，林茂泉丰，丘壑皱伏，望之蔚然、深邃而神秀，地貌形胜势育空灵，为西山其他地区所不及，《长安客话》中曰：“香山流泉茂树，一著屐即

有轩轩白雪之气，于西山中当据上座。”又曰：“西山来自太行，连冈叠翠，上干云霄，挹抱迴环，争奇献秀。值大雪初晴，凝华积素，若肖琼雕玉，千岩万壑，宛然图画。”“西山……诸兰若火，尖塔如笔，无虑数十，与山隈青霭相间。……流泉满道，或注荒池，或伏草径，或散漫尘沙间，是西山诸水会处。”“西山春夏之交，晴云碧树，花气鸟声，秋则乱叶飘丹，冬则积雪凝素，种种奇致皆足赏心，而雪景尤胜。”

乾隆皇帝把香山的地貌景观概括为“山势横峰、侧岭、牝谷、屈岗、欹涧、曲径，不以巉削峻峭为奇，而遥睇诸岭，迴合交互若宫、若霍、若岌、若峘、若峤、若峃、若崖、若巘、若重甗，嵯峨嵚崟……”；香山钟灵毓秀，造化天然，其幽壑、叠峦、秀林、澈水、悬石、断崖、坦原、凸丘，丰富的地形地貌为各类景点依山筑室提供了优越的地理条件，恰如明代计成《园冶》所云：“园地惟山林最胜，有高有凹，有曲有深，有峻有悬，有平而坦，自成天然之趣，不烦人事之工。”其“岩、峦、洞、穴之莫穷，涧、壑坡、矶之俨是；促足疑无别境，举首自有深情。蹊径盘且长，峰峦秀而古，多方胜景，咫尺山林”。“山行弥日山益奇，乱峰扶翠纷参差”，“青松四面云藏屋，翠壁千寻石作梯。”乾隆写诗赞道：“入诗惟罨画，沐雨欲蒸霞。”“独开轩槛号来青，面面晴峦展画屏。”在这样的环境中点景造园，精心布置，注重建筑与环境、景观与景观、园内与园外景致的互相因借，协调统一，达到了“极目所至，千峦环翠，万壑流清，俗则屏之，嘉则收之”的空间叠加效果，意象具足，画意无垠，宛似一幅山水画卷，其立意高远，雅逸超逸，情景契合，耐人寻味，既富林泉趣味，又现丹青胜境。

因山构室、其趣恒佳，彰显自然天成之美

古来圣贤皆以“智者乐水，仁者乐山”为美德。因为山性格稳重，志存高远，有其高、深、博、大之质；水厚德载物，心胸宽大。老子《道德经》记载：“上善若水，水利万物而不争，处众人之所恶，故几于道。居善地，心善渊，与善人，言善言，政善治，事善能，动善时。夫惟不争，故无忧。”乾隆皇帝也是个痴迷于山水之人，他认为“山水之乐不能忘于怀”。乾隆时期的静宜园共有建筑群、风景点、小园林八十余处，“佛殿琳宫，参错相望。而峰头岭腹，凡可以占山川之秀，供揽结之奇者，为亭、为轩、为庐，为广、为舫室、为蜗寮”，虽由人作，宛自天开，无不体现寄情山林的奇思妙想。正如乾隆皇帝在静宜园宫门外城关、牌楼上的12个题字，成为对静宜园山居环境及人文景观巧妙融合所做的高度概括。在城关上乾隆皇帝以“箩幄”“松扉”题之（“箩幄”寓意香山是一处精美华贵的书屋，“松扉”是指这里翠松如云宛似屏扉一般），在城门内牌楼上他以“芝廛”“烟壑”题之（“芝廛”是说这里有瑞树丛生芳香四溢的山居环境，“烟壑”是说这里有山峦谷壑间云雾弥漫的环境），在静宜园宫门外的牌楼上他又以“云衢”“兰坂”题之（“云衢”是指林峦雾霭间的道路如在云中，“兰坂”意为山坡上长满

了芳香瑞草环境极为美好），从中可以体会到集君王、哲人、诗人、艺术家、造园家于一身的弘历对这座山林寄予为天然、精美、华贵书屋的情怀，感受到紫气苍烟笼罩、翠壑流清、瑞林繁茂、鹿鹤相伴、物我两契的人间仙境，充分体现了山林地造园的文化极致。

静宜园园名充分体现了圣贤君子入圣之要门，即静可养生，生慧、开悟、明道、通神的思想，呈现了易、儒、禅、道“致虚极、守静笃”及古典皇家园林艺术所追求的最高境界。

山地景观的最大特点是因地貌而具有“幽曲”与“旷如”的景观空间，旷奥相融、虚实互借、动静相宜，烘托出“景以情合，情以景生”的园林意境。意境的蕴涵是静宜园作为著名古典园林的突出特点。《庄子·齐物论》有云：“天地与我并生，而万物与我为一”，而这一哲理在静宜园的生态景观中，更多地体现了“寓情于景”“即景生情”的意境之美。正如乾隆皇帝在御制《静宜园记》所云：“非创也，盖因也。”例如：因园内之水皆涓涓细流不任舟楫，故于绿荫稠密如云之处仿承德避暑山庄“云帆月舫”的形式，以林喻水，建“绿云舫”，蕴含着君为舟、民为水，民可以载舟，也可以覆舟之意；于古木森列的山麓稍北建小亭再现倪瓒山居危亭画意，名“翠微亭”。入夏千章绿荫，禽声上下。乾隆御制诗曰：“几株枯树一危亭，拳石无多多诡形。记得画图曾见处，迂倪每契此中灵。”又如于雄踞侧岭的制高部位建“青未了”，远眺绝旷，群峰苍翠，满目阡陌，尽挹山川之秀，无怪乎乾隆要以登泰山而俯瞰齐鲁相比拟、取杜甫诗意：“岱宗夫如何，齐鲁青未了”为景题，“政不必登泰岱，俯青齐，方得杜陵诗意。”杜甫《望岳》：“造化钟神秀，阴阳割昏晓。荡胸生曾云，决眦入归鸟。会当凌绝顶，一览众山小。”而此处也恰恰可以领略《孟子·尽心》：“登泰山而小天下”的意境。“松坞云庄”适当山之半、右倚层岩，左瞰云岫，亭榭略具，堂密荟蔚，致颇幽秀。“流憩亭”位于山半的丛林之中，能够俯视寺垣，仰望群峰。“来青轩”修建在临危崖的方台上，凭栏东望，玉泉西湖以及平畴千顷尽收眼底，“不但芙蓉十里，粳稻千顷，尽在目中。而神京龙蟠凤舞，郁葱佳气，逼窗而来。大挹山川之秀，信为诸胜地第一”，所谓“前两山相距而虚其襟以捧帝城”。“正凝堂”因山就水，随山势和山涧走向而高下宛曲，爬山廊迤逦而下曲廊连接于水榭，前临水池，池周围曲廊环抱，源流脉脉，疏水无尽，借水景建筑多方展示静宜园“泉池印月”“水天一色”的人文特色，上述微观精致，处处法于自然，融于自然，充分利用山地林壑巧妙布置，近、中、远景虚实错致，高下前后相地合宜，把湖光山色与亭台楼阁融为一体，韵意悠长，涤荡心脾。

至于园林的宏观精致，亦秉承“值景而造”“虚实互动”的手法，将静宜园与方圆百里内的景致熔于一炉，玉泉塔影、昆明湖光，近山远水，浑然一匡，使静宜园与清漪园、静明园形成相互借景关系，界定出西北郊皇家风景区的巨大空间，其空间伸展之辽远、相地融合之天衣无缝，不能不令人叹为观止，展示出盛世下的宏大气魄，由此我们亦可品读出香山园林当年景物之胜概。

水随山转、山因水活，尽陈山水灵动之美

明代计成所著《园冶·相地》中记载:“山因水活，水随山转，溪水因山成曲折，山蹊随地作地平。”“立基先究源头，溯源之去由，察水之来历”。北宋郭熙作《林泉高致》，“山得水而活，水得山而媚”“山以水为血脉，水以山为面”等论述对园林建设及园林艺术发展有着重大的影响。

香山自古泉源众多，达五十余处，出水量巨大，为京城西郊提供了丰沛的水源。从历史文献和其遗址上分析，可以清晰看到其理水记述着园区景观意境的营造、生态环境的变迁、京城西北郊水利的成就及元、明、清时期古典园林理水的美学价值和实用价值。

静宜园山泉不仅提供香山用水，而且成为静明园、清漪园的重要水源，其输水渠道成为独具特色的景物，形成了“香山以山胜，碧云以泉胜”的评价。明代袁中道《游西山十记（记五）》:“香山跨石踞岩，以山胜者也；碧云以泉胜者也。”

《长安客话》记载：“香山，碧云皆居山之层，擅泉之胜。”

碧云寺泉水有二处：一是寺左水泉院之水，明代文献记载甚详。一是寺右之泉；二泉合流流入香山见心斋，再南流入月河与双清之泉下流合，出香山园墙利用石槽东流至广润庙内方池。

碧云寺卓锡泉自古有名，元人曾以“此水从何至，涓涓昼夜流。绕松生翠色，灌竹长清幽。能解三旬暑，还生六月秋。碧云天上寺，高耸拱神州”的诗句赞美卓锡泉水质的清纯甘美。明人沈守

正《游香山碧云二寺记》载:“……独寺后一泉出石根，冬夏不涸，导为方池，植白莲其中……泉绕寺中，庖湢皆资之……殿前一池大于香山，清亦较胜，鱼如空游。”《长安客话》中记载：“水自引寺后，石岩出，喷薄入小池，人以卓锡名之。寺僧导之过斋厨，绕长廊，出殿两庑，左右折复汇于殿前石池，金鲫千头。”“碧云寺有卓锡泉，环庭际滮滮鸣……泉从口涌，泠泠泻沟中，出寺而纳于涧。”清代《余文敏公集》载:“碧云寺泉从西壁螭首口中吐出，去渠尺许，微有飞沫下注于渠……亭前有沼可一亩，渠水注之。”可见卓锡泉水量十分丰沛，除供寺僧食用、注池养鱼、养莲及灌溉树木外，出寺汇于溪，还可供当地人取用。

卓锡泉流出后点缀了水天一色、云容水态、环抱洗心亭，流入含青斋、涵碧斋间莲花池，再流入大雄宝殿前的放生池，出碧云寺至眼镜湖西坡上，一部分流入眼镜湖，主要流入见心斋，出见心斋下注宗镜大昭之庙前方河，再南入韵琴斋、听雪轩，绕过土山到勤政殿后，自殿南山石上形成瀑布下注方池后溢入殿前月河，出园流入宫门外方河，下注南线石槽。

香山南源之水谓为丹井。据文献记载：“丹砂泉在香山下，相传为葛稚川丹井。二井，一泉水上涌，一泉水横流，味及甘洌。”相传金章宗游猎香山时，因睡梦中现奔跑之金鹿，引弓搭箭，梦醒后发现一险峻石壁上有一箭矢，随命人拔箭而泉涌，即赐名为梦感泉。清乾隆皇帝因其泉源分为两股而赐名为双清，蓄水成池，并命名为天池，即天上仙界之池。双清泉，首入松坞云庄之天池，下流入知乐濠、清音、璎珞岩，再流入虚朗斋、曲水流觞，注入带水屏山，顺水闸流入南线石槽。

香山峰峦奇秀，被历代文人赞誉为：宛似朵朵青莲。左右山峦环抱，前有玉泉山、瓮山朝案围拱，出入循水口穿行；山峦谷壑间泉水绵绵不绝，品质优良，这种幽境空间，既可以“藏风聚气”，又能充分满足避喧清高脱俗隐逸遁世的心理追求。丰沛的自然山泉更使得其地佳木茏葱、奇花烂漫、泉流纡曲、谷壑苍古，尽显自然林泉之趣、宁静幽深之美，同时也成为营造静宜园的重要条件和独特优势。

静宜园外围从东宫门至松扉、萝幄城关的御道南北各设四眼水井。有三个作用，一为护园，二为供水，三为泄洪。带水屏山东侧设有水闸口，水多时可从水闸口直接泄入沟渠，得天独厚的地理位置、充沛的水源及设置合理收放自如的出入水闸口，使得静宜园的造园意境因水而活，山水景观浑然一体。

香山静宜园是在充分因借盛唐、元明、辽金等前朝古迹名胜、香山独特的地形地貌及原有的生态景观特色的基础上建造而成，对其山丘、水体等适当加以修改，充分利用山林地营造了苑中垣的“大分散，小聚合”格局，山水结合，将全园划分为山复水转，层层叠叠的一个又一个既独立又相互关联的园林景观空间，每个园林空间都经过精心设计和艺术加工，既有人为的写意，又保持着天然林泉之趣味；百余处景观寄予了浓郁深邃的民族山居文化，既满足了宫廷避喧理政和园居游览之需，又体现了最高观赏价值和很强的实用功能，营造了一个“山无止境、水无尽意，山容水色，绵延而富天然之趣”的大境界。

香山静宜园的理水充分因借了自然山泉脉理，巧妙将数十条谷壑之水引入五条沟渠之中，同时因借地势向东设置三处泄洪闸口，水多时可以及时将水泄出园外。另外，在园外自东宫门至松扉、萝幄城关的御道两侧，各凿设了四眼水井，其作用：一为护园，二为供水，三为泄洪；在园内将丰沛的“双清”“卓锡”“玉乳”“玉华”“寿康”等泉源把静宜园和碧云寺风景名胜区合理地勾连到一起，体现了茂林在上、清泉在下的引泉技巧，巧妙地还随山、石、树、建筑等园林景观，形成了“水抱寺”“院抱水”“湾抱水”“腰带水”的布局，呈现了山林地造园“水随山转、山因水活，变化万方，意存高远”的突出特点，体现了因地制宜，变化万方、山水清音、曲奥有思的意境，静宜园这座具有浓郁林泉特色的皇家园林因水而大增秀色。

古木繁花、云容水态，镌摹幽秀生态之美

在中国古典园林中，无论是在生态境域的营造，还是在空间艺术手法的处理上，植物都起着不可替代的作用。元代刘秉忠在《夜宿香山寺》诗中把环香山的苍峰翠岭比喻为朵朵碧芙蓉：“摩空削出碧芙蓉，缱绻香山一带峰。”乾隆皇帝在御制《芙蓉坪》诗序中引用东晋画家戴逵画论赞美曰：“岩岭高则云霞之气鲜，林薮深则萧瑟之音清，两言得园中之概。”可谓香山尽得山林之灵美。同时又在诗文中赞誉：“翘首眺青莲，堪以静六尘。”把香山比喻为郁郁葱葱的青莲花，而眼、耳、鼻、舌、身、意皆得到

沐浴。

乾隆时期的静宜园在充分利用已有的山野植物景观的基础之上进行花木配置，营造出木秀奇花、景色万千的山林野趣，体现出独具韵味的“匠意”。

首先是借景。一是借静宜园内松、桧、柏、榆、银杏等木本树种为主体的植物群落。古人云：“山借树而为衣，树借山而为骨，树不可繁，要见山之秀丽；山不可乱，须显树之光辉。”高山、古木与华屋轩宇交相借景，使古拙庄重的苍松翠柏等高大树木与色彩浓重的建筑物相映衬，显现出高旷幽深、庄严雄浑的皇家气派。二是借金代就已形成一川之势的香山红叶，专门辟出一景，取名“绚秋林”。乾隆皇帝御制《绚秋林》诗序云：“山中之树嘉者有松、有桧、有柏、有榆，最大者有银杏、有枫，深秋霜老，丹黄朱翠，幻色炫采。朝旭初射，夕阳返照，绮不足拟其丽，巧匠设色不能穷其工”，将峦岫秀灿的山林风光借用得淋漓尽致，尤以“香圃”“琪林”加以赞誉，又将其“飘红飞绿都过了，真是天女散花时”的意境演绎到了极致。

其次是配植。一是依季植花，园内选种的花品虽不多，但随季节变换色彩鲜明，春杏如雪，夏日金莲，秋日黄花，冬染蜡梅，于古木蓊郁、万壑流清、山谷幽林中繁灿锦绣，尽现四时季相，在时间流程中显现出春、夏、秋、冬四时周而复始的运动之美。二是配景植花。在构建静宜园的庭院、院落时，精心选育名贵植物，根据厅、堂、楼、台、亭、阁、榭、廊、桥、池等不同的建筑形式和庭院格局，以牡丹、梅花、海棠、芍药、金莲花、荷花、翠竹等花卉植物巧妙配置，即突出各处的景观特色，渲染各自的意境，营造出花木繁茂、名花荟萃、富丽雍容的氛围，又在花木掩映中，给予置身其中的观者以步移景异、“入狭而得景广”的空间享受，达到“咫尺山林，多方胜景”的审美效果。

除此之外，庭院建筑群落中依仗娑罗树（七叶树）、桂花、金莲花、梅花、菊花等体现君子比德拟人化植物的配置，把传统的古典人文精神贯穿在植物景观配置的“意”中，志以景拟，品似物贵，实现物我合一的至善境界。

周维权先生在《香山公园志》中如是肯定香山公园的造园艺术：“作为大型天然山地园林的香山公园，早在康熙、乾隆策划建园时就十分注意保护、培育植被、绿化和自然生态环境。园内大部分景点均属自然景观，无异于一处园林化的山岳风景区，这在现在的中国古典园林中实不多见。”

鸟依客语、鹿鹤相伴，追求物我相融之美

中国古人追求崇尚自然、高于自然的画境墨情，强调心理空间舒展的最大化，这一精神衍生出“树无行次，石无位置，屋无宏肆，心无机事”的山居观念，折射出古之隐士避世弃俗、独享清幽、物我合一的人生境界。中国古典园林特别是皇家御苑深刻继承了这一强烈的人本主义精神因素。在构园中，多营造奇花遍地，异草如云，飞禽走兽漫山遍野的“道生万物”景象，使观赏者游览观光具体景象时，触景生情，产生共鸣，从而获得精神上

的一种超脱与自由，享受到审美的愉悦，达到景外之景、物外之象的最高境界。作为自然山地园林，静宜园在这方面享有得天独厚的优势，夜色中“人闲桂花落，夜静春山空。月出惊山鸟，时鸣春涧中”，盛夏时“山蝉亮其声，钦露发清响”，令人心向往之，充满诗人情怀的乾隆皇帝对此留恋不已，在静宜园中理政、就寝，散步、观花、品茗、读月、听泉，登山、闻香、赏雨、听雪，知鱼乐、饮虫鸣、听鸟唱，参禅理、礼佛寺……活动极为频繁。在借助自然虫鸟营造环境的同时，乾隆时期的静宜园还饲养了仙鹤一群，在知乐濠放生数千条观赏鱼，在青未了迤西的“驯鹿坡”放养了宁古塔将军进贡的驯鹿百余只，营造了“紫气青霞，鹤声送来枕上”，“鹤鹿传声静，松篁引籁深。贞观留好句，泉石且娱心。丹青胜处禽衔翠，紫碧堆中鹿叫烟”的趣境，融情化境，虫声、鸟语、鱼歌、鹿鸣、鹤唱合奏成绕梁不绝的天籁，与园中吟赏者的吟咏构成了“天籁人籁合同而化”的诗意画境，鸟依客语、鹤鹿相伴，物我两忘，众妙毕至，盎然生机尽显无遗。

香山静宜园是一座具有融历史、自然、人文、景观为一体的，凝聚着深厚中华民族山居文化的皇家园林，自然条件优越，植物种类丰富，文化内涵深厚。古人云:“人与天调，然后天下之美生。”静宜园在乾隆皇帝的精心营构下，把完整的天然山水植被环境圈围起来，利用原始地貌因势利导作适当的调整、改造、加工，利用原生动植物，再配以人工繁育的花木鸟兽和建筑，依照“以人为之美人自然，符合自然而又超越自然”的造园准则，借景周围的山水环境，在有限的空间环境里，创造出“象外之象、景外之景”的无限空间意境，师法自然，融于自然，顺应自然，表现自然，体现着“天人合一”的至高精神追求，成为中国山地园林之美的集大成者。“纵目香山似画图，昨朝眺此画不殊”，“指点青莲朵，时时信步登”。进入这里，不仅可以品味其建筑文化、山水文化、诗词文化，还可以揣摩乾隆皇帝“以物形写我心”的文人心态，以及园景与诗文相统一的深邃意境，其视觉无尽，如诗如画，“虽由人作，宛自天开”，令人叹绝！

历史沿革

西山文化带是指北京西部山地之总称。大西山的地理范围一般认为北起北京市昌平区南口关沟，南抵房山区拒马河谷地，西至市界，东临北京小平原，总体呈北东—南西走向的带状空间，长约90公里，宽约60公里，面积约3000平方公里，约占北京市面积的17%。包括海淀三山五园历史文化景区，涉及昌平、海淀、石景山、丰台、门头沟和房山六区。小西山一般指京西石景山八大处至香山及部分山前地带区域，总体呈团状空间布局。西山涵盖范围涉及石景山、海淀、昌平和门头沟等区。

香山公园位于北京西北郊西山东麓，地处西山山脉转折向东的枢纽部位，距京城约 20 公里。全园占地面积为 160 余公顷。其主峰香炉峰（俗称鬼见愁），海拔 575 米。

据明万历时曾任宛平知县的沈榜所撰《宛署杂记》中记载：“太行山首始河内，北至幽州，第八陉在燕。强形巨势，争奇拥翠，云纵星拱……”清乾隆御制诗文曰：“西山峰峦层叠，不可弹名，因居京右辅，故以西山概焉。”西山的地势奇特，山峰峡谷颇为壮观，重岗叠岫，上干云霄，揺抱环回，争奇献秀，纳京城西北郊于怀中。

西山的自然风景被历代的诗人墨客所称道，明王鏊游西山时，曾写诗赞道：“百二河山势自西，芙蓉朵朵与天齐。”其中“芙蓉朵朵”赞美了点缀在莽莽西山中的风景名胜。自古名山僧占多。唐、宋以来，随着我国佛教、道教的发展，西山自然也就成了寺院荟萃之地。

其独特的地貌形胜，是西山其他地区所无法比拟的。“香山流泉茂林，一著屐即有轩轩白雪之气，于西山中当据上座。”香山早在我国唐代，就出现了极为壮美的寺宇建筑，据文献《宛署杂记》中记载：“妙高堂，在宛平县西四十里香山寺右，唐以来有之。”《香山永安寺记》曰：“香山在都城西北三十里……永安寺创自李唐，沿于辽金。”

香山名称的由来有多种说法。

一说源于奇石。据《香山永安寺记》中载：“以山有大石如香炉，故名，盖胜境也。”《宛署杂记》中曰：“在香山，一曰香山寺，以山有巨石如香鼎，上干云霄，重冈叠翠，来朝皇阙。中有古场曰香山，上有二大石，状如香炉、蛤蟆，有泉水自山腹下注溪谷，一号小清凉。”这两块独特的巨石，位于现双清别墅上端，好似两只蛤蟆坐南向东北引首翘望，在明代文献《宛署杂记》中有萨都剌的诗文，又把二石称之为“乳峰”，此山名为“乳峰山”，原诗曰：“山腹双双翠出尖，游人原不厌观瞻。露和石髓沾苔腻，雨带泉花溅齿甘。雾幛轻笼遮隐隐，云襟半袒露纤纤。儿童月下欢相指，天姥开怀照玉奁。”诗人用比拟手法，使二石更耐人寻味。

一说源于花香。据明代文献《帝京景物略》中载：“山所名也，曰香炉石。或曰：香山，杏花香，香山也，香山士女，时节群游，而杏花香，十里一红白，游人鼻无他馥，经蕊飞白之旬。”香山名称起源于杏花的说法，在香山脚下还流传着一个有趣的传说：很久以前，香山附近住着一位石匠，家贫如洗，没有生计。一次上山打柴，路遇仙人，赠杏两枚，食后将核种到山上，经若干年繁衍，杏树遍山，如云如雪，约有十万株，甚为一大奇观。人称这一带为杏花山，又因香气飘溢四野，沁人肺脾。久而久之，杏花山被称之为香山。

一说来自佛经。据《佛经》记载，佛教创始人释迦牟尼出生地迦毗罗卫国都城（又称父城）附近有山名香山，释迦牟尼在世时其弟子入香山修道，后不断有佛教徒入山成道，故《华严经》把香山名列第二，成为仅次于须弥山的佛教名山，而随着佛教传入，中国出现了多处以香山而得名的山，而京城的香山便是其中之一。

一千多年前，古老的京城曾是辽王朝的陪都“南京”，后来相继成为金、元、明、清四朝的都城。随着历代王朝的更迭，统治阶级在风景秀丽的香山塑佛造寺，营建行宫别院，以供他们朝拜、游览、射猎之用。据《金史·世宗纪》载：“大定二十六年（1186）二月，香山寺成，幸其寺。赐名大永安寺。”《金史·本传》中又载：“大定中诏匡构与近臣经营香山行宫及佛舍。”据《金史·章宗纪》，章宗皇帝在明昌五年（1194）至泰和元年（1206）曾七次来香山打猎游玩。明代文献《帝京景物略》曰：“山多迹，葛稚川井也。金章宗之台，之松，之泉也，曰祭星台，曰护驾松，曰梦感泉。”

元代仁宗皇庆元年（1312）曾给钞万锭修缮永安寺，并一度更名为“甘露寺”。《元史》中载：“元仁宗延祐七年（1320）四月，祭遁甲神于香山。”《元史本纪》载：“元世祖幸香山永安寺，见书辉和字于壁，问谁所书？僧对曰：‘国师兄子铁哥书也。’帝召见，爱其容仪秀丽语言清亮，命隶丞相博罗，备宿卫。”

明代的香山，更为鼎盛。寺庙观庵建筑，几乎遍布各个地方。文献《篁墩集》载曰：“西山之刹以数百计，香山号独胜。层楼叠屋，翚林岌立，于林峦紫翠中若画图然。”

明代正统间（1436—1449）太监范宏费资七十余万，扩建了香山寺。文献《帝京景物略》中载：“香山寺殿五重，崇广略等斜廊平槛，翼以轩阁。”“京师天下之观，香山寺当其首游也。”

明代文献《宛署杂记》中辑有翰林郭正域的一首诗，曰：“寺入香山古道斜，琳宫一半白云遮。回廊小院流春水，万壑千崖种杏花。墙外珠林疑鹿苑，路旁石磴转羊车。”可以想象，当时香山寺的环境不但秀雅幽静，而且景界开阔。独特的观景条件，使香山寺周围散缀了许多风景名胜点。其中，“望都亭”“流憩亭”和“来青轩”最为历代名人所称道。

香山寺西北面为洪光寺，是明代成化年间（1465—1487）太监郑同所拓建。郑同原籍朝鲜（时称高丽），被其国王李祹入贡中国，得侍宣宗。后复使高丽，至金刚山，见千佛绕毗卢佛，回来后建洪光寺于香山，供奉毗卢遮那佛，表里千佛，各座金莲，十分精工宏丽。《帝京景物略》中载：“洪光寺径上指玉华寺，再上指玉皇阁；下指碧云寺，再下指弘法寺。十八盘而径尽，至寺门。香山乃在其下。”

玉华寺，山房跨涧十余楹，称之为玉华别院。始建正统甲子年（1444），由太监韦敬、黎福喜建造。寺后有池，泉流涓涓不绝，景致颇为雅致壮观。据《蓟丘集》中王嘉谟的一首《玉华寺》诗言道：“层峰开净域，十丈控丹梯。坐瞰平湖浅，中分万岭低。斜阳传塔影，飞瀑乱莺啼。自觉诸天近，香花聚路溪。”

清朝康熙中叶，开始了北京西北郊皇家园林的营造工程。康熙十六年（1677），香山行宫建成，其范围在香山寺、洪光寺一带。香山行宫成为清康熙游玩、临幸、驻跸之所，但建筑比较简单。

香山作为皇家园林，其大规模的营造修建则是在乾隆年间。乾隆御制《静宜园记》曰：“乾隆乙丑（1745）秋七月始廓香山之郛，剃榛莽，剔瓦砾，即旧行宫之基，葺垣筑室。佛殿琳宫，参错相望。而峰头岭腹，凡可占山川之秀，供揽结之奇者，为亭，为轩，为庐，为广，为舫室，为蜗寮，自四柱以至数楹，添置若干区。越明年丙寅（1746）春三月而园成，非创也，盖因也。”

乾隆十一年（1746），香山被赐名为“静宜园”。总占地面积2300余亩，周围的宫墙顺山势蟠蜒，宛如巨蟒，全长约5公里。使香山这座古刹、行宫自成体系的园林，成为一座皇家的离宫禁苑。

在京城西郊的圆明园、畅春园、静宜园（香山）、静明园（玉泉山）和清漪园（万寿山）“三山五园”中，静宜园是一座以自然山林取胜的皇家园林。清静宜园包括“内垣”“外垣”和“别垣”三个部分，共有建筑群、风景名胜、小园林80余处。其中名噪一时的是由乾隆皇帝题署的二十八景。

清乾隆皇帝，十分喜爱香山（静宜园），曾于乾隆二十六年（1761）和乾隆三十六年（1771），两次为其母皇太后祝七旬、八旬大寿，同时两次在香山赐宴三班九老，此属国家之旷典，使香山承受了莫大殊荣。

清乾隆年间，是香山静宜园极盛时期。在京郊“三山五园”中，享有特殊的地位。乾隆九年（1744）设置员外郎一人专司管理园务。乾隆十年（1745）扩建后置八品总领一人。乾隆十二年（1747）增加一人，乾隆十六年（1751）设置总理大臣兼领清漪、静明、静宜三园。

可惜的是，清咸丰十年（1860）九月初五、初六（10月18日、19日），京城西郊举五世经营与百余年之积蓄而建的“三山五园”惨遭英法联军焚掠，付诸一炬。香山静宜园内的珍宝、文物被掠夺一空，园内风景名胜建筑几乎全部被焚毁。复经光绪二十六年（1900）八国联军的又一次浩劫，香山静宜园已是遍山瓦砾，凋零不堪，处于半荒废的状态了。

1912 年至 1949 年的几十年间，香山静宜园内的古树名木被人盗伐。北洋军阀和国民党反动派统治时期，香山的大部分风景区又被“达官贵人”“军阀巨商”建为私人别墅，多处名胜封闭，禁人游览。1917 年因顺直（河北省）水灾，北京设立了慈幼局，收养男女灾童千余人。慈幼局原系临时性质，次年水患平息后，儿童多由其家长领回，但尚余 200 余人无家可归，乃商准清室内务府拨借香山静宜园建筑校舍。1920 年 10 月 3 日正式成立香山慈幼院。该院在静宜园内开设饭店、旅馆、学校、工厂、医院，到处禁止游人观览，把一代名苑搞得面目全非。

然而，香山又是使人们景仰的地方。

在香山碧云寺内，有我国伟大的民主革命先行者孙中山的纪念堂和衣冠冢，供人瞻仰。1925 年 3 月 12 日，孙中山在京逝世后，曾在这里停灵，长达四年之久。孙中山纪念堂正厅内有孙中山的半身塑像，左边陈放的是当时苏联政府赠送的玻璃盖钢棺，右边陈列了孙中山的遗嘱。纪念堂两边墙壁上嵌满了汉白玉石，上面铭刻着《孙中山致苏联书》。在纪念堂两侧，设有孙中山生平图片展室。

1949 年 3 月下旬，中共中央第七届二中全会闭幕后，中央机关分批自陕北迁往北平。中央书记处于 3 月 23 日从河北省平山县起程，经唐县、涿州，到长辛店乘火车，于 3 月 25 日到达清华园。下午 3 点钟在西郊机场举行入城式，其仪式结束后乘吉普车到达香山。当时，中央书记处五大书记，毛泽东、朱德、刘少奇、周恩来、任弼时分别住在香山“双清别墅”及香山寺来青轩一带。老一辈革命家在香山指挥了全国解放战争，又共同商讨了建国大计，为筹建中华人民共和国做了大量的准备工作。为此，香山的历史长卷中也增添了极其光辉灿烂的一页。目前，“双清别墅”已开辟为“革命史迹展览”，供广大游人参观。

1956 年 5 月 1 日，在党和人民政府的关怀下，经过整修，香山开辟为真正的公园，并更名为“香山公园”，正式对游人开放，为广大劳动人民和国际友人提供了一个踏春看花、消夏避暑、深秋登高观红叶、冰天隆冬赏雪景的游览胜地。

香山历经中华人民共和国成立后五十余年的建设，已经成为

深受中外游人喜爱的一座著名的历史名园。香山红叶，已经成为京城人民的骄傲，为北京深秋画卷增添了最美丽的色彩。

香山地处京城西山永定河文化带的核心地理位置，是“三山五园”历史文化景区的重要组成部分，其规划定位为“具有自然、文化双遗产潜质的世界名山和山林特色的皇家园林”，拥有“林泉自然生态、历史文化名山、皇家山地御苑、红色革命圣地”四大资源，2012 年 10 月，香山公园加入世界名山协会，是中国境内五大名山之一。

目前，香山公园为国家重点历史名园、4A 级景区，承担着保护古都风貌、传承历史文明、推动园林文化可持续发展的重任，成为促进中外文化交流和爱国主义教育的重要场所，同时肩负着促进旅游观光、陶冶情操、提高人们文化修养等功能。香山静宜园二十八景正在逐步恢复，在首都西山永定河文化带的发展进程中，必将迎来快速建设的机遇，愿景无限，必将彰显出其深厚的历史积淀、生态价值和文化价值，创造出更好的环境效益，更大的社会效益和经济效益。

霜叶红于二月花

自然环境

以山川、名泉、苑囿、古木、黄栌林带（香山红叶）著称于世的香山胜景，都和这里所特有的地形相联系。香山是西山之一脉，西山从太行山延绵而来，宛若一个巨大弧形的天然屏障，使西山一带形成了独特的小气候，而香山也因此展示了奇特的四季风光。

春天来得晚，去得迟。京城内已近落英缤纷，这里却是山花烂漫，碧桃、山桃、杏花、二月兰等花卉争芳斗艳，特别是山桃、野杏花盛开时，山坡像是覆了一层薄雪。古木参天，密林浓荫，植被覆盖率高达 98% 以上，故盛夏暑热季节，这里也是十分凉爽，同城内气温相差 4℃ ~ 5℃，为消夏避暑胜地。仲秋时节，香山红叶自金代就已形成“一川之势”，如今黄栌已繁殖到 13 万余株，霜重色浓，如火如荼。隆冬雪飘，香山山高气寒，积雪凝素，并迟迟不化，树挂多姿，别有一番景象，构成久负盛名的“西山晴雪”。

香山特有的小气候，同时孕育了众多的植物、动物（指鸟类）资源。绿化面积 1 684 529 平方米，有木本植物 224 034 株，其中一、二级古树有 5894 株，占北京市古树总数的 1/4。草本植物 209 种，藤本植物 14 种，引进栽培植物 18 种。地被植物 61 个科 247 种，以禾本科、菊科、豆科为主，其次为百合科、莎草科、蔷薇科植物。其分布状况是：南山灌木优势主要是荆条、蚂蚱腿子、绣线菊、多花胡枝子等植物；草本植物优势为求米草、披针苔草、隐子草等植物；喜阴湿和半阴湿植物也较丰富。北山大部分地区属阳坡，耐旱且喜温暖的荆条、孩儿拳头、酸枣成为优势，但较耐旱的草本类未形成大面积草丛。山下植物栽培区内，除人工栽植的花灌木、草坪生长良好外，还有野生地被紫花地丁、二月兰、鼠掌老鹳草、蛇莓、求米草、石生蝇子草、葎叶蛇葡萄、蝙蝠葛、多花胡枝子、野豌豆、糙叶黄芪、尖叶铁扫帚、甘野菊、苦菜、秋苦荬菜和各种蒿类。野生植物有 229 种。野生药材种类繁多，属于动物的有蜣螂、獾油、蛇蜕、刺猬皮、虻虫等；植物的有柿蒂、山桃仁、酸枣仁、五味子、侧柏叶、柴胡、苍术、毛知母、黄芩、苦参、葛根等。

山川、水系

香山位于北京西北郊西山东麓。西山离京城最近的这一部分山脉，大体上形成三足鼎立之形状。蜿蜒的永定河很自然地把西山分成南北两个麓段。南麓以马鞍山、潭柘山为主，海拔 800 多米；北麓主峰，在妙峰山、大云坨、黄石岭一带，海拔 1300 多米。越往东，山势越低。从北安河周家店到三家巷之间，正好联成一条 100 ~ 200 米的等高直线。从这条线往东，人称它为西山的东麓，山势又逐渐高了起来，到香山又分成南北两岔，北支向北延伸到望儿山，南支直达西山八大处的翠微山。

香山位于西山东坡的腹心之地，其峰峦层叠，山形奇特，涧壑穿错，清泉甘洌适口，是西山其他地区所不及的。南北两面均有侧岭向东延伸，南向侧岭伸展直达红山头，北面侧岭至青龙桥头，犹如两臂环抱而烘托着主峰之神秀，李梦阳《香山寺》诗曰："万山空而止，两岭南北抱"。这个范围内地形变化极为丰富，又多是居高临下，视野开阔。袁中道所撰《西山十记》载："香山跨山踞岩，以山胜者也"，"见峰峦回曲萦抱，万树浓黛，点缀山腰，飞阁危楼，腾红酣绿者，香山也"。

香山与东面平原上的玉泉山、万寿山、昆明湖约略在一条东西轴线之上。香山、玉泉山两山布之湖上，卓锡、丹泉吐之山坳，山中有水，水中有山，古迹甚多，近在几席。为平原地区少有的风景佳地，彼此之间能够互为因借。四周群山环拥，湖光山色交相辉映，可称天然自成之趣，不烦人事之工。香山独特的山形地貌具备了形成名胜之地的一切条件，故历代的人们对香山风景名胜的评价就比西山其他的地方更高一些。

香山山姿秀美，且有水源丰沛的泉水，据清代文献记载，这里的泉眼颇多，五十余处，泉眼出水量十分旺盛，为京城西郊提供了丰沛的水源。《日下旧闻考》中载："西山泉脉随地涌现，其因势顺导流御园以汇于昆明湖者，不惟疏派玉泉已也。其自西北来者尚有二源：一出于十方普觉寺旁之水源头；一出于碧云寺内石泉，皆凿石为槽以通水道，地势高则置槽于平地，覆以石瓦；地势下则于垣上置槽。兹二流逶迤曲赴至四王府之广润庙，汇于石池，复由池内引而东行。于土峰上置槽，经普通、香露、妙喜

香山瑞雪

等寺夹垣而上，然后入静明园。”清乾隆皇帝曾为妙喜寺御书题额曰：“香海同源”，赞誉来自西山之泉水，在这里同汇一处。西山的水资源被历代水利监督人所重视，据文献记载：金大定十一年（1171）就有自金口疏导西山之水至京城北入濠的打算，而后来没有成功，只好随塞随开。至元代郭守敬等复议开金口河，但因泥沙淤塞等原因不成功。元中统三年（1262）八月，郭守敬请开玉泉山之水，以济漕运，疏通了西山之水。

元代的水利措施多出于著名科学家郭守敬的规划，当时以北海、中海为中心修建宫殿，充分开发利用了北京城郊的水资源。

金、元、明几个时期，香山等处泉水伏流到玉泉山。乾隆御制《玉泉趵突》诗曰：“西山泉皆之伏流，至玉泉山势中豁泉喷跃而出。”玉泉山之水，在元朝初年曾引入河坝，大部分导入金水河。导引了玉泉山西北几十里范围内的泉水，汇入西湖，即昆明湖，而西湖之水，全靠玉泉山泉水的汇集。清乾隆年间（1773）

香山南麓

建石渠引西山之水入玉泉，修墁了玉渊潭。当时两次导引了香山、卧佛寺等西山泉水汇入玉泉，以补充水源之不足。

清代香山及卧佛寺引泉水的石渠工程中，充分发挥了渡槽的作用。其工程是：《日下旧闻考》中载“皆凿石为槽以通水道。地势高则置于平地，覆以石瓦；地势下则于垣上置槽。”当时石槽是由整块石斜凿出 U 形槽，宽 60 ~ 70 厘米。从香山引出石渠，经过滚水坝上的渡槽跨过东南泄水河。香山的石槽工程大约在八国联军入侵北京、西山诸园被焚烧殆尽后而失于修治，逐渐毁废。石槽遗迹至今还可见多处。1959 年，香山公园拓建静翠湖时，拆掉了静宜园内的大部分石槽垒砌湖岸，而园外则被垒做梯田之用了。

目前,香山的泉水,只有“双清”“玉乳泉”两支至今流量很大，只是已经封存了起来，补充为公园内的生活用水。碧云寺卓锡泉近些年来已近干涸。1988 年开始，由于丰厚的雨季，又流了出来，目前可以保证这一带的绿化和游览用水。

清代香山“双清”和“卓锡”两股泉水十分丰沛，把香山静宜园和碧云寺风景名胜区合理地勾连到一起，体现了茂林在上、清泉在下的引泉技巧。

双清泉首入松坞云庄之方池，依次流入二十八景中的知乐濠、璎珞岩、虚朗斋，再流入曲水流觞，注入带水屏山，顺水闸进入南线石槽。

卓锡泉流出后点缀了水天一色、洗心亭、云容水态，流入含青斋，再流入能仁寂照前放生池，出碧云寺至眼镜湖西坡上，一

静翠湖

部分流入眼镜湖，主要流入见心斋，出见心斋下注宗镜大昭之庙前方河，再南入致远斋，绕过土山到勤政殿后，从勤政殿南山石上形成瀑布流入池沼，入殿前月牙河，出园流入宫门外方河，下注南线石槽。

碧云寺卓锡泉自古有名，元人曾以“此水从何至，涓涓昼夜流。绕松生翠色，灌竹长清幽。能解三旬暑，还生六月秋。碧云天上寺，高耸拱神州”的诗句赞美卓锡泉水质的清纯甘美。明人沈守正《游香山碧云二寺记》中载：“……独寺后一泉出石根，冬夏不涸，导为方池，植白莲其中……泉绕寺中，庖湢皆资之……殿前一池大于香山，清亦较胜，鱼如空游。”《长安客话》中载：“水自引寺后，石岩出，喷薄入小池，人以卓锡名之。寺僧导之过斋厨，绕长廊，出殿两庑，左右折复汇于殿前石池，金鲫千头。”《长安可游记》载：“碧云寺……有卓锡泉，环庭际濊濊鸣……泉从口涌，泠泠泻沟中，出寺而纳于涧。”所以明代有“碧云寺以泉胜者也”的说法。清代《余文敏公集》载“碧云寺泉从西壁螭首口中吐出，去渠尺许，微有飞沫……下注于渠……亭前有沼可一亩，渠水注之”。古时卓锡泉水量很足，除供寺僧食用、

引水石渠

注池养鱼、养莲及灌溉树木外，出寺汇于溪，供当地人取用。

香山泉水在元代就已负盛名，碧云寺泉水有二处：一是寺左水泉院之水，明代文献记载甚详；一是寺右之泉。二泉合流流入香山见心斋，再南流入月河与双清之泉下流合，出香山园墙利用石槽东流至广润庙内方池。香山南源之水是双清，《天府广记》中载："丹砂泉在香山下，相传为葛稚川丹井。二井，一泉水上涌，一泉水横流，味极甘洌。"此外，香山还有玉华泉、寿康泉、玉乳泉等众多泉源。

气候物候

香山的地理地势营造了独有的山林小气候，据公园园艺队气候观测点提供的 1985 ~ 1986 年两年 4 月到 10 月份不完全资料统计：香山碧云寺一带，1985 年的 4 ~10 月份 7 个月内平均气温 19. 08℃，平均最高气温 23. 09℃，平均最低气温 16. 23℃。1986 年 4 ~ 10 月份 7 个月内平均气温 19. 94℃，平均最高气温 25. 94℃，平均最低气温 13.3℃。观测人员说："这里的气温每天都要低于北京地区气象台所播出的气温的 0.7℃ ~ 1℃"。

年代	项目（℃） 月份	月平均气温	最高气温	最低气温
1985	4	13.41	16.67	9.54
	5	17.84	29	15.42
	6	21.43	25.05	19.97
	7	23	25	20.9
	8	22.15	24.47	19.80
	9	21.14	23.35	16.0
	10	14.56	19.05	11.97
1986	4	15.20	20.9	6.3
	5	20.7	27.7	11.7
	6	25	31	17.5
	7	24.4	28.8	19.6
	8	24.67	29.38	19.9
	9	18.8	27	12.7
	10	10.8	16.8	5.3
两年 4~10月	总计平均	273.10 19.51	344.17 24.58	186.7 13.34

北京的春天短且多风，大风一过便燥热起来，而西山一带的气候则大不相同。春天的香山到处葱葱郁郁，草木佳盛，山花齐放，万紫千红，蜂蝶振翅，好鸟相鸣，草虫唧唧，嘤嘤成韵，呈现出一派生机。这里的春天较长，约3个半月，一般自3月初到6月中旬；这段时间的平均气温均低于22℃、高于10℃（气象学上规定10℃～22℃时为春季和秋季，高于22℃时为夏季，低于10℃时为冬季）。

夏天的北京炎热异常，而这里却是一处得天独厚的避暑胜地。夏季较短，约两个半月，一般从6月中旬至8月下旬，平均气温均在22℃以上，但最高气温也不超过35℃。盛夏的香山，古木荫森，泉溪流畅，芳草鲜美，踏入香山宫门，凉风扑面，暑气皆消。无论是在林荫道上，还是在任何一处景点观赏，或是在池泉旁、亭台上憩息，都会倍觉凉意侵身，清爽怡神，如入清凉世界，因此很多人前来避暑消夏。

秋天的香山晴空万里，天高气爽，山风乍起，松涛贯耳，铎铃声清脆，心胸顿开，这个季节除有苍松翠柏，衰草微黄外，更有红叶簇簇点缀青山，黄叶片片簇拥雕梁画栋的殿宇呈现出五彩缤纷、交相辉映的景象。香山的秋天约两个半月，一般8月底入秋至11月初。

冬天，野草枯黄，松柏变暗，寒泉凝成雾霭，山风凛冽，寒冬肃杀，百景凋零，唯雪景令人留恋。起伏的群山层峦叠嶂，白雪皑皑，犹如绿树枝头白花绽开，宛如玉叶银花般讨人喜欢。雪覆殿阁，金银相辉，姿态万千，充满诗情画意。由于这里地势较

香山红叶景观

高，寒意较浓，故此雪融速度比较慢，一般少则数日，多则历数月仍洁净如初。香山碧云寺的冬季较长，约有 3 个半月，一般为 11 月初到次年 3 月初。

香山的晨昏晴雨更具有另一种风趣。凌晨，东方刚刚发白，鸟儿的鸣叫声便给山林带来了生机。这时，登上香山的最高峰或碧云寺的最高点，便可一饱旭日东升时的美景。曙光初露，丹霞辉映，烟云雾露，悄悄隐退，天边的红霞继而变成一个半圆，霎时便是一轮红日冉冉升上天空。远眺玉峰塔影，格外清晰，环顾群峰绿树，青翠如洗。朝辉映照着金色建筑，折射出刺眼的光芒。微风过处，银铃发响。深吸一口清晨清爽的空气，一丝凉意传遍身体的每一个角落，使人顿觉视野开阔，心胸舒适。当夕阳西下时，呈现出绚丽的晚霞，金碧辉煌的建筑被霞光笼罩，眼底一片朦胧，群峰树影，明暗相衬的姿态更具一番风采。

“西山晴雨总宜人”，香山的晴雨也别有特色。晴天，湛蓝的天空朵朵白云飘浮，青山依偎在蓝天的怀抱中，金色的殿阁与蓝天、青山、白云相呼应，构成了一幅绚丽的景致。明媚的阳光照耀在香山的每一个景点，参差斑驳的阴影投落在园内。徐徐的凉风吹动着植物的枝叶，如同翩翩起舞的少女婀娜多姿。而在烟雨赶至山林间时，则有云雾飘游、轻柔妙丽的景致。少顷，细雨蒙蒙，云雾霭霭，云树相接，远远望去非云非树，山峦间烟霭缥缈，园内建筑时隐时现，扑朔迷离，松柏滴翠，树杪流泉，整个香山园林笼罩在茫茫云海之中，雾失楼台，林藏烟中，使人恍若置身于仙境。时阴时晴，时云时雾，时风时雨，气象万千，令人陶醉。

翠湖映香山

植被资源

香山的山林生态环境原以华北野生乡土植物为主，历经近千年的气候变迁和园林建设，大部分植被由次生天然林发展到半自然半人工群落，但其植物景观至今仍表现为一种山林自然野趣和乡土特色。植物景观季节变化鲜明，在植物配置上，既有皇家园林的意匠和妙趣，又体现着自然山水花木的具体形象变化，形成春花烂漫、夏荫浓郁、秋叶如丹、冬柏常青的四季景观。

香山峰峦叠翠，林木幽深，拥有一、二级古树共计 5894 株，覆盖面积达 98% 以上。

香山公园（原古静宜园园墙）内有古树 5263 株，内含一级古树 231 株。树种有：侧柏 4541 株，含一级古树 110 株；油松 441 株，内含一级古树 57 株；圆柏 202 株，含一级古树 32 株；白皮松 30 株，内含一级古树 15 株；槐树 28 株，含一级古树 11 株；银杏 11 株，含一级古树 5 株；楸树 4 株，含一级古树 1 株；麻栎 2 株，桑树、榆树、元宝枫、栾树各 1 株。

碧云寺古树很多，自元代建寺起《碧云十景》诗中就有“乔松傲雪”“奇桧连阶”等景。明代也有“古银杏……阴区一亩”“竹树参差”“槐阴夹道”等语,万历皇帝还为碧云寺御题“苍松古柏”。清代仍有“篁木阴森”之说，可见 600 余年来碧云寺古木之多。据 1990 年香山公园管理处古木统计：碧云寺内共有一、二级古树 394 株，占全寺乔木的 32%，其中一级古树 57 株，内含：侧柏 7 株，最大胸径为 0. 94 米（位于山门殿东北侧）；油松 6 株，最大胸径为 0.8 米（位于水泉院水池旁）；桧柏 22 株，最大胸径为 0.93 米（位于能仁寂照院北房前）；白皮松 14 株，最大胸径 0.8 米（位于金刚宝座塔院内）；槐树 5 株，最大胸径 1.2 米（其他均在 1.05 米以上，位于山门殿外）；银杏 3 株，其中 2 株胸径为 1.2 米（均位于钟楼院内）。二级古树 337 株，内含：侧柏 237 株、油松 33 株、圆柏 32 株、白皮松 15 株、槐树 14 株、银杏 1 株、七叶树 2 株、皂荚 2 株、桑 1 株。

松堂（明代旭华之阁遗址）有古树 237 株，内含一级古树

29 株。其中，圆柏 39 株，内含一级古树 9 株；白皮松 147 株，内含一级古树 15 株；侧柏 48 株，内含一级古树 2 株；油松 3 株。

湮没名木

护驾松：在香山寺至山顶的路边。相传，金章宗完颜璟游猎香山，不慎坠于马下，得松护之，故赐封为护驾松。元、明两个时期，为香山八景之一，称之曰："护驾长松"。此株松树明代末湮没。

听法松：在古香山寺正殿门外。明代时，这株古松称之为"听法松"。清朝末年湮没。

松顶明珠：《宛署杂记》中记载：香山寺一带，唐朝时种植。树冠奇特，盘生如盖。每当夜晚时分，一轮圆月，升上树顶，景致煞是好看。元著名诗人萨都剌咏此景曰："万斛不从江底出，一丸常向树头悬。"

瘿柳：瘿柳是昔日碧云寺的一株著名柳树，位于水泉院泉池之畔，今已不存。明万历时陶允嘉《西山游记》中载："甲寅（1614）于九月廿日……至碧云寺……岩下一泉汩汩……泉旁一柳，累累若负瘿，形甚丑拙，众呼为瘿柳……"文人朱长春描写了它的姿态："柳下本半皮枯，臃肿若瘿、若虬鳞、若疣、上枝细如丝，青青盖亭亭，为寺中奇。"清光绪年间，文人洪良品还记载，"入门见瘿柳，甚古"。直到 1917 年徐仲珂在《西山诸胜》中还提到寺院"亭前为三仙洞（清净心）……洞外有一瘿柳，半干作一大曲，复森森而上，姿态绝佳”。此后的文章就不见记载这株瘿柳的了。

古玉兰：碧云寺古玉兰，着生在碧云寺行宫院内。《翁文恭日记》载:光绪二十四年（1898）三月二十四日到碧云寺,见“东院御座房尚整（应为北轴线行宫院），玉兰一株正花”。1941年，春圃在《民众报》发表文章记载:“（碧云寺）含青斋（行宫）……院有白玉兰二株，为数百年物，春初花开，极为美观，惟民国二十四年（1935）患旱，冬又严寒异常，花木无人维护灌养，致将树之上枝冻枯为可惜耳。”

竹区:碧云寺竹区位于水泉院内,《碧云十景》诗中就有“修竹欺霜”一景赞美碧云之竹（种类不详）。

明正德时出版的《宝颜堂秘集》载：“碧云寺水泉院……其院有方亭，修竹丛丛，大有潇湘雨色。”

万历时人朱孟震在《游西山诸刹记》中载：“……碧云寺……（水泉院）池上有竹半亩青翠可掬。”文人朱长春还描写了竹子的形态、颜色和数量，“……屏前竹一方区，细如楉槠，皮金黄，数千百，枝葱葱，鸟噍噍者”。

清顺治十一年（1654）谈迁在《北游录》中记载了碧云寺竹子的名称，“中堂艺竹，俗名黄金间碧玉，大仅如指，北土固在乎少见也”。康熙二年（1663）怀应聘在《游西山记》中载：“碧云寺……孤峦缥缈,篁木阴森”,当时竹很多,乾隆二十九年(1764）还曾有御题“绿竹”“青莲”匾挂于碧云寺中。

现有名木

听法松：原为香山寺西佛殿前有两株古松对植，清乾隆时列为静宜园二十八景之一。原“听法松”三字为乾隆皇帝御题，镌于石栏上，1860 年被毁。现存刻字，是 1932 年为署名海城的人所补缀的。

凤栖松

凤栖松：在见心斋北门外石桥前，因此松一枝酷似一只孔雀引首东望，故得名为“凤栖松”。

五星聚：在古静宜园东宫门外，石桥西北侧，有五株古柏相聚在一起生长，故名“五星聚”。

虬龙伞

琼松塔影：1987 年新辟“知松园”小区，景区内有古松 22 株。有两株古松同宗镜大昭之庙的琉璃塔形成对借之景，故命名为“琼松塔影”。

虬龙伞：为一株古柏，位于香山大永安禅寺文殊菩萨殿前，树形奇特优美，宛似虬龙左旋上升生长，树冠似伞盖，故得名“虬龙”。

闻法竹：香山大永安寺南北菩萨殿西侧有千余根从紫竹院引植的“金镶玉”“玉镶金”竹子，幽篁修竹，瑟瑟之声宛似咏经，故被命名为“闻法竹”。

香山一、二级古树虽多，但题名、命名甚少，甚为憾事之一。

闻法竹

香山红叶

十月的京城，秋高气爽，到香山观赏红叶，已经成为京城人民的习惯。十万余株黄栌树覆盖了山岫，杂以其他树木之丹黄朱翠，构成了香山独特的自然景观，犹如一幅五彩缤纷的图画。

香山的红叶，香山的秋色，历史悠长，壮观秀美。早在金代，诗人周昂在咏《香山》诗中称道：“山林朝市两茫然，红叶黄花自一川。野水趁人如有约，长松阅世不知年。”明代谢榛《香山寺》诗曰：“殿凭千顶树，地矗半天霞。”黄耳鼎的诗句曰：“尘里西山约，经旬得共看。远林红漠漠，平楚绿漫漫。”朱国祚《秋入香山寺》诗中有“置身着色屏风里，梨叶新红柿子黄”之句。王衡《游香山记》中又载：“……东自无量殿楼折，乃至（弘）洪光寺。皆短墙垣，疏柏不蔽外景，涓人甃白石为阶，其净若拭……笑而出，望之，东壑中郁苍攒错，阁道参差，若飘红挂树叶者。”乾隆皇帝留有描写香山红叶的御制诗十余首，如：“稀微红叶余霜色”“淡绿深红迷目色”“飘绿霏红都过了，是真天女散花时”等。清乾隆十年（1745）营造静宜园，园内二十八景中的“绚秋林”，则是在香山观秋色的最佳之地了。

香山红叶种类很多。如槭树科的五角枫、三角枫、鸡爪槭、柿树、乌桕等，但形成香山大面积的红叶是黄栌林。黄栌，又称黄道栌或黄栌树，是小乔木或灌木，高 4.5 米左右，树多枝而冠圆形，单叶互生，呈倒卵形，长 3 ~ 6 厘米，原产我国河南、山东、四川等省，欧洲南部也有分布。

黄栌属漆树科，叶状呈椭圆形，由于其木质含有大量黄色素而得名。植物的叶子里，除去含有叶绿素，还含有叶黄素、胡萝卜素和花青素。叶绿素的功能是与阳光、水和二氧化碳进行光合

山中黄栌

作用，制造养料，维持植物生活。在春夏两季，植物生命力旺盛，植物叶子里的叶绿素就显得多些，所以叶子呈现的是绿色。霜秋时节，由于天气变冷，昼夜温差变化增大，叶子中的叶绿素合成受阻逐渐破坏或消失，而叶子中的胡萝卜素、类胡萝卜素、叶青素、花青素等逐渐显露，使含叶黄素、胡萝卜素较多的叶子，开始变黄；含有花青素较多的叶子，则渐渐地由绿变浅绛、金黄，最后成为嫣红鲜丽的红叶了，有时由于叶黄素、胡萝卜素和花青素的配合，还能使一部分叶子呈现橘黄、橙、橙红等美丽色彩。

每年的十月中下旬，是观赏香山红叶的最佳季节，这时的中外游人络绎不绝。“西山红叶好，霜重色愈浓。革命亦如此，斗争见英雄。”这是陈毅于 1966 年写下的《题西山红叶》的诗句，诗借香山红叶之景，抒发了诗人的革命豪情，寓意深刻而耐人寻味。

1986 年，香山红叶被评为北京新十六景之一。1989 年 10 月 14 日至 11 月 5 日，公园以观红叶、赏秋实为主题举办了首届“金秋游园会”，至 2017 年已连续举办了 29 届香山红叶文化节。

香山红叶已作为一种壮丽的自然美景被代代传颂。2008 年北京残奥会闭幕式上鸟巢上空万叶飘丹，香山红叶与熊熊燃烧的奥运圣火将永远铭刻在全世界人们的记忆中。从此，香山红叶成为中华民族传情、惜别、祈福、企盼的象征。

香山园内的静翠湖、驯鹿坡、白松亭、玉华岫、森玉笏、绚秋林、香雾窟、香炉峰等景区都是观赏红叶的最佳去处。

动物资源

香山是一座具有自然山林特色的皇家园林，林泉茂盛，古木参天，野趣横生，气候适宜，故孕育栖息着多种动物。

鸟　类

留鸟类

环颈雉：属于鸡形目，雉科

这是一种最普通的野生雉类，有许多亚种，各地常泛称之为“野鸡”。分布于香山林间。

寿带鸟：属于雀形目，鹟科，鹟亚科

常见于香山林区，栖息于树丛竹林间，有时亦高踞树梢。人们常称其为“红嘴山鹊”。

山斑鸠：属于鸽形目，鸠鸽科

这是较常见的一种斑鸠。栖息地区较多样，在香山南山林区常见。

戴胜：属于佛法僧目，戴胜科

栖息于公园树林中、草丛间。

长耳鸮：属于鸮形目，鸱鸮科

白天隐伏在公园的树上或草丛间，黄昏后才出来活动。

鵰鸮：属于鸮形目，鸱鸮科

即通常所说的“猫头鹰”。白天隐藏在树林中，夜晚出来活动和觅食。

雀鹰：属于隼形目，鹰科

这是一种较小型的鹰。多栖息在香山南山林中。

喜鹊：属于雀形目，鸦科

是我国常见的一种留鸟。常出没于公园树林中，数量较多。

画眉：属于雀形目，鹟科

它栖息于公园的灌木丛、竹林中，羽毛呈浅褐色。

麻雀：属于雀形目，文鸟科

麻雀活动范围非常广泛，多结群活动于香山林区。

棕头鸦雀：属于雀形目，鹟科

即大家所说的“驴粪球儿”，又名“呼呼猫”。平时常结成小群在园中的灌木荆棘间。

小鵐：属于雀形目，雀科

栖息地区较广泛，遍布于公园的南山林。又名“虎头”。

白脸山雀：属于雀形目，山雀科

它是我国大部分地区都有分布的留鸟，常活动在公园的树林中，也常出没于灌木丛。又名“呼呼黑”或“大山雀”。

沼泽山雀：属于雀形目，山雀科

主要栖息在香山树林中。又名“呼呼的红”或“小山雀”。

斑鸠：属于雀形目，鹟科

常分散活动于公园的草丛中。又名“窜儿鸡。”

八哥：属于雀形目，椋鸟科

是我国南方一带较常见的一种留鸟，香山草丛和山林中可见。

红嘴蓝鹊：属于雀形目，鸦科

多生活在香山的南山区，也见于竹丛间。

灰树鹊：属于雀形目，鸦科

为典型森林鸟类，栖于高大的树上，亦活动于林下灌丛中，鸣声尖锐，常发出喧闹声。

灰喜鹊：属于：雀形目，鸦科

是一种很普通的鸟，常穿梭于树林间。繁殖期约于4月开始，筑巢于高大的树上。

斑啄木鸟：属于：鴷形目，啄木鸟科

这是一种常见的啄木鸟，常活动于有树木的地方。园内常见红腹啄木鸟。

苍鹰：属于隼形目，鹰科

又名“黄鹰”。为林区鸟类，常栖息在山林间。

雀鹰：属于隼形目，鹰科

这是一种较小型的鹰。夏天多栖息在较高的山上，常常从停落的树枝上突然扑向猎物。

鸢：属于隼形目，鹰科

又名“老鹰”或“鹞鹰”，是我园常见的一种鹰类。

鹌鹑：属于鸡形目，雉科

栖息在少量草丛或矮树丛的地方。筑巢多在矮山坡或草丛中。

候鸟类

北朱雀：属于雀形目，雀科

通常栖息于香山南山林区。俗名又叫“靠山红”。

夜鹭：属于鹳形目；鹭科

常成群栖息在公园有林木的低洼地方。又名“夜洼子”。

大杜鹃：属于鹃形目，杜鹃科

即通常人们所称的“郭公”或“布谷鸟”。栖居在公园开阔的林地上。

锡嘴雀：属于雀形目，雀科

喜栖息于公园南山区的阔叶林中。又名“老西儿”。

红交嘴雀：属于雀形目，雀科

一种常见的山林鸟，平时多栖于公园山林中。它的名称是由于交叉的嘴形而来。

太平鸟：属于雀形目，太平鸟科

居住地区多有树林，喜欢在松树林和落叶的枯树上活动。有12 枚尾羽的尖端为黄色，故有“十二黄”之称。又名“连雀”。

黑尾蜡嘴雀：属于雀形目，雀科

多生活在公园有林木的地方。又称“乌桐”。

黄雀：属于雀形目，雀科

常活动在树林或灌木、草丛中。

池鹭：属于：鹳形目，鹭科

栖息在竹林及树上。背上的蓑羽商品名为“黑丝毛”，可作帽饰。

灰伯劳：属于：雀形目，伯劳科

栖息于开阔的林地。巢呈杯状，置于有棘的树木或灌丛间。有人称其为“屠夫鸟”。

红胁绣眼鸟：属于：雀形目，绣眼鸟科

常活动于柳树及竹林间，也见于灌木绿荫间。夏季食物绝大部分为各种昆虫，仅食少量植物种子，冬季食物之中植物质有所增多。在树上筑巢，巢形小巧精致，呈深杯状。每产卵3～4枚，卵呈天蓝色。它所吃的昆虫大都对农业有害，所以是一种益鸟。又名“粉眼”。

黑枕黄鹂：属于雀形目，黄鹂科

善于鸣叫，鸣声富有音律和变化。每当春夏的早晨，在公园里就能听到它清脆嘹亮的鸣声。食物绝大部分是对农林业有害的昆虫，仅偶尔吃些植物果实（如桑葚等），所以它是一种对人类很有益的鸟。又名“黄莺”或“黄鸟”。

据不完全统计，香山公园中的鸟类除以上介绍的外，常见的还有留鸟乌鸦、寒鸦、燕雀、山眉子、呼呼背、金翅雀，候鸟麻鹭、腊嘴、鸥灵、鱼鳞燕、巧燕、沙燕、黎哥、翠鸟、呼呼点、柳莺、苏鸟、稻雀。限于篇幅，这里就不再逐一介绍了。

昆虫类

北京地区现有蝴蝶 8 科 170 余种，香山拥有 8 个科的蝴蝶，共有蝴蝶 57 种。观赏价值较高的有 25 种左右。现分别介绍如下。

绢蝶科：共五种，香山只有一种，其他种多为高山种类。

丝带绢蝶。展翅 42 ~ 71 毫米，底色白色，身着黑蓝红斑或点，尾部有两条 10 ~ 20 毫米长丝状飘带，翅面细薄如绢，飞行以飘为主，是一种极有价值的观赏蝴蝶，是我园现存量最多的一种蝴蝶。

凤蝶科:是蝴蝶中形态最美的一个科,北京共 4 种,香山都有。

1. 花椒凤蝶。展翅 61 ~ 95 毫米，翅浅黄绿色，脉纹黑色，尾部有橙色圆斑和蓝色斑块，尾尖较大，木槌形。

2. 金凤蝶。大小、形态如花椒凤蝶，仅翅面颜色差异较大，为金黄色或土黄色，尾部圆斑明显。

3. 碧凤蝶。展翅 110 ~ 136 毫米，体翅均黑色，公园偶有发现。

4. 绿带翠凤蝶，数量较少。翅展 75 ~ 123 毫米，体黑色形似碧凤蝶，区别主要在于前翅表面为鲜艳的金绿色，下翅呈蓝绿色，金属光泽，尾斑为较明显的红色弦丹形。

粉蝶科：香山有 7 种。

1. 小菜粉蝶；2. 褐脉粉蝶；3. 绿斑云粉蝶；4. 花斑云粉蝶；5. 黄襟粉蝶；6. 角勾粉蝶；7. 锐角钩粉蝶（后两种有较高观赏价值）。

眼蝶科：香山公园有9种，其中白眼蝶观赏价值较高，数量少。

1. 蛇眼蝶；2. 白眼蝶；3. 莎草眼蝶；4. 珍珠眼蝶；5. 矍眼蝶；6. 联珠矍眼蝶；7. 东亚矍眼蝶；8. 小矍眼蝶；9. 蒙古酒眼蝶。

蛱蝶科：香山公园有24种，其中豹类、大红、小红、孔雀、环类红星、绿猫、二尾观赏价值较高。具体名称如下。

1. 拟带蛱蝶；2. 单环蛱蝶；3. 双环蛱蝶；4. 小环蛱蝶；5. 重环蛱蝶；6. 捷豹蛱蝶；7. 灿豹蛱蝶；8. 蟾豹蛱蝶；9. 老豹蛱蝶；10. 银豹蛱蝶；11. 裴豹蛱蝶；12. 罗网蛱蝶；13. 白钩蛱蝶；14. 黄钩蛱蝶；15. 白钩珠蛱蝶；16. 师蛱蝶；17. 大红蛱蝶；18. 小红蛱蝶；19. 孔雀蛱蝶；20. 柳紫闪蛱蝶；21. 红星蛱蝶；22. 绿蛱蝶；23. 猫蛱蝶；24. 二尾蛱蝶。

灰蝶：香山公园主要有7种，此科个体小，观赏价值高。具体名称为：

1. 蓝灰蝶；2. 琉璃灰蝶；3. 迁酒灰蝶；4. 中华黑灰蝶；5. 闪蓝灰蝶；6. 铜灰蝶；7. 橙灰蝶。

朴喙蝶：世界上只有1属、10种，北京只有1种。展翅42 ~ 49毫米，下唇须很长，伸在头的前方，像一段昆虫的蛆而得名，体小，观赏价值小，标本名声较大。

弄蝶：个体小，形体三角形，观赏价值差，香山公园有6种。

香山全貌图

具体包括：1. 花弄蝶；2. 大环弄蝶；3. 黑弄蝶；4. 带弄蝶；5. 小赤者弄蝶；6. 山地（谷）弄蝶。

香山不但拥有丰富的鸟类、昆虫类资源，还拥有多种小型哺乳类及两栖爬行类：小型哺乳类如刺猬、狗獾、猪獾、貉子、花面狸、黄狸、艾虎、草原兔、灰岩鼠、花岩鼠、晏鼠；两栖爬行类如火赤链、复蛇、草蛇、蜥蜴、壁虎、林蛙、山龟、鳖等，限于篇幅，本书就不再逐一介绍了。

四季景观

香山植物景观在植物配置上，既有皇家园林的意匠和妙趣，又体现着自然山水花木随着时分、气象的变化，显示出独特四时四季景观之美，形成春花烂漫、夏荫浓郁、秋叶如丹、冬柏常青的四季景观，早在辽金时期香山就已成为京都著名的踏青、辞青之地。

香山静宜园时期的植物群落分布与皇家园林的经营密不可分，乾隆皇帝咏香山静宜园的 1500 余首诗文中，有大量赞美植物景观的篇章，从中可以了解到当年在植物造景、品种选用等方面形成的植物景观风格和花木配置艺术，可谓春夏秋冬、朝夕晨昏、风霜雨雪季时相演化各臻奇妙。

春境如花

香山的春境是以漫山遍野的山桃、野杏林及灿烂的山花为背景，乾隆帝御制《香山春望》诗："春事日已佳，山中更佳致，

初春的静翠湖

苍松无改色，亦复增浓翠。绯桃与绛杏，依岩秀不媚。”《山花》诗赞曰：“绘岩胜绮组，锈坂杂红紫。袭兰拟蕙兰，荣夏傲桃李。舞风纵无名，过雨知有喜。渥膏逮良苗，余波应及尔。”

在宫殿及庭院内开花植物则选用了梅花、玉兰、海棠、牡丹、芍药等营造春景，品种珍贵，立意高雅。而花草树木贵精不在多，花木重姿态、重意境，是体现香山花木审美的特点之一。

为了欣赏“斜、横、疏、瘦”的梅花及林逋“疏影横斜水清浅，暗香浮动月黄昏”的意韵，乾隆皇帝特意在虚朗斋庭园内植种了一株梅花，在《咏梅》诗序中写道：“梅于北地不宜，而香山土脉殊胜，卉树皆易植。尝以盆梅移种庭中，今七年，高可八尺许，枝干劲达其天自全。初夏驻山馆，梅始花蕊，暗香故不减冰雪中标格。而草木扶疏时，得此亭亭玉照，更足为泉石之助。

梅谷梅花

夫孤山邓尉非不繁且早，而兹独以后开见珍，尘外一枝，所成正复，又何必较量迟早之间哉。”御制诗曰：“盆梅弃可惜，试种岩之隈，山中气候迟，清和花始开。潇洒五出葩，因缘值我来。羞同桃李芳，雅契泉石材。一树不为少，雪海何为哉。白傅与林翁，假借聊相陪。”诗文引用白居易与宋朝隐士林逋“梅妻鹤子”的典故，创造了以少胜多的意境。自1989年始，历经近30年的经营，香山现有一川梅谷，40余个品种，开放时节，游人如织，花香四溢。

牡丹，在南方三月即开放，而在香山往往迟到春末夏初盛开，在山中松柏山石间配置牡丹，则另有一番韵味。御制《芍药》诗曰：“山中土脉厚，卉木总昌昌。紫药翻风馥，白珠擎露光。丛高蜂倦采，瓣大蝶神藏。谢朓如曾遇，清词当异常。”《皋涂精舍》诗曰：“绿槐刚荫户，红药已翻阶。”

来青轩北侧庭院的海棠，花开时节，院内芳香四溢。乾隆帝赞道：“香山寺侧旧名胜，来青妙高及海棠。或以迥奇或旷豁，此则幽佳其趣长。当庭两树非花候，静对较赢烂漫芳。”

紫藤，古称黄环。5月至6月开花，花密集，紫蓝色，微香。盛开时节，花序犹如成串的葡萄，繁英婉垂，溢彩流光，生意盎然。晞阳阿、雨

古藤绕柏

香馆等处至今仍保留着古藤绕柏的景观，营造了《园冶》中描述的："围墙隐约于罗间，架屋蜿蜒于木末"的山林意境。

夏境如滴

香山独具的林泉环境，使其成为历史上京城一处得天独厚的避暑胜地。夏季较短，一般从6月中旬至8月下旬，平均气温在22℃以上，最高气温在35℃以下。盛夏时节进入园中，凉风扑面，暑气顿消。无论是在林荫路上，还是任何一处景点观赏，或是池泉旁、亭台上憩息，都会感觉凉意侵身，清爽怡神，如入清凉世界。

夏季植物芳香和浓荫带来无限的清凉之感，赏花、闻香使人心旷神怡。静宜园以植物芳香命名的有：采香亭、露香亭、香雾窟、香云、香岩清域、琪林、香圃、溢芳轩、来芳阁、聚芳图等，营造了"递室幽香"的意境。

乾隆御制《香山杂咏》诗曰："山中本自无烦署，雨后兼之多爽风。仍是静宜游眺处，会心每不与前同……夏山已觉浓如滴，重以浮云蓊蔚之。云外晴皋千顷绿，山边雨脚万条丝。"

夏季避暑、赏花、闻香、听泉、赏雨、吟雨，是乾隆皇帝的主要活动。《初夏香山》诗曰："御苑自是湖光好，山色还须让静宜……山容经雨鬟初沐，松吹因风籁益清。"又赞："绿滴烟鬟一带横，云庄容与趁新晴。恰从山里迎秋色，便向溪边听籁声……山泉雨后乱

夏日韵琴斋

涛春，天半遥青泼黛浓。蹬道萦纡搴薜荔，石门窈窕挹芙蓉。”

雨香馆，静宜园二十八景之一，是乾隆皇帝赏雨吟雨之地。以雨之德利农桑，稼穑作甘，雨香益彰而得名。御制《雨香馆》诗序：“……山中晴雨朝暮，各有其胜，而雨景尤奇。”其《对雨》诗曰：“坐我雨香馆，山云送雨香。岩丛同臭味，涧叶竞芬芳。听瀑千琴奏，枝襟六月凉。长空渺何极，纵目正苍茫。欲拟山如画，犹虞画不如……”

秋境如醉

由于有丰富的植被覆盖起伏多变的山峦，香山的秋色自然随着天气变化而色彩纷呈，但翠柏、丹枫、黄菊成为香山秋天的主调，尽呈绚烂艳异之美，如梦如幻，宛似画卷。

清潘荣陛《帝京岁时纪胜·九月·辞青》记载："都人结伴呼从，于西山一带看红叶，或于汤泉坐汤，谓菊花水可以却疾。又有治餚携酌，于各门郊外痛饮终日，谓之辞青。"旧俗每年农历九月九日重阳节，人们结伴游山，于郊外饮酒，谓之"辞青"，又称登高。

据《起居注》记载：乾隆皇帝曾九次到香山登高过重阳节。《香山登高之作》："帝都形胜地，屏障惟西山。香山尤特殊，云峰争郁盘。适当三秋序，万壑纷青丹。呦呦鹿过涧，栩栩蝶抱兰……"乾隆十一年（1746）御制《重阳日奉皇太后香山登高》诗曰："名山初试菊花宴，九日登高古所传。扶辇不知霜巘迥，捧觞刚似夜珠圆。丹青胜处禽衔翠，紫碧烟中鹿叫烟。智者乐兼仁者寿，长承慈豫万斯年。"诗文大意为：初次奉母于重阳节来香山赏菊饮宴，遵循着九月初九登高赏秋之古礼古风。宛如水墨丹青的香山，密林胜处不时可见飞鸟衔翠枝归巢，姹紫嫣红、烟霞笼罩的秋林深处传来呦呦的鹿鸣。仁者乐山、智者乐水的圣训在此升华，期盼母后仁寿长生，让我能千年万载在您慈爱的膝前承欢尽孝，怡悦德崇。

秋季到香山赏桂吟枫是乾隆皇帝的重要活动之一。玉华岫为静宜园二十八景之一，为明清两代育桂藏桂赏桂之地，七个岩洞在明代就已筑成，东侧洞中有清泉一眼，冬季桂树储藏其中，因向阳而显温暖，用温泉水浇灌，能够保持叶绿不凋，且能在初夏又吐新叶，如时开花。培育品种以金桂为主，故香气浓郁。香山天气偏凉，故桂花每年都较别处早开，成为寺中奇观。

《摘玉华寺晚桂恭进皇太后并图而系以诗》曰："和仲行冬风意饕，皋涂枝上驻春豪。献来万寿嫦娥归，欣傍三千王母桃。……"诗文中记述着乾隆皇帝折桂奉母的故事。

红叶是香山最重要的植物景观资源之一。其历史可追溯到金代，周昂《香山》诗曰："山林朝市两茫然，红叶黄花自一川。野水趁人如有约，长松阅世不知年。"其后的元明文人中，赵孟頫、文征明、王世贞等多有佳句。

百鹿图局部（清 · 艾启蒙绘）

香山桂花

绚秋林为乾隆皇帝赏秋佳处，曾御制诗文赞美香山秋色在常绿与落叶树木的演化中，宛似一幅千变万化的画卷，美丽的丝绸不足以展示它的绮丽，具有高超技艺的画师也难以勾画出那不断变化的意境。

每逢中秋时节，香山的远山近岭，鲜红、粉红、猩红、桃红，

似红霞，又有松柏点缀其间，景色绚丽；谷壑山坡的丛丛野菊，色彩斑斓。随着朝夕晨昏四时的变化，香山的秋色恰似一幅流动的画卷，令人心旷神怡、如痴如醉。描绘了红叶从最初变色直至全盛不同时期的情致，与中国传统的美学欣赏标准极为契合，描绘了以香山红叶为主色调而形成的诗境、画境。

香山野菊花的观赏历史和红叶的一样长，种类应为甘野菊。明黄汝亨《香山寺来青轩》诗赞："秋林无日不黄花，驻绿森云爽有加。蹬入寒空高翠巘，坐来秀色落晴霞。……"岭岫山谷间大量成片的野菊花为香山秋境增色不少。乾隆御制诗道："数来九九叶乾阳，今岁秋长了不凉。翠柏丹枫争助景，紫萸黄菊弗孤香。……"

香山彩叶林

秋日赏红

冬境如画

入冬后的香山以常绿松柏及榆、银杏等落叶植物群落装点宫霍相伴、起伏叠嶂的山峰。特别是香山的松柏等常绿树及翠竹作为冬境中不可多得的绿意，充满无限生机。长风过处，松涛澎湃，宛似宫商齐鸣，天然的崇高之美，壮人心胆。所谓“冬山如睡”，却孕育着无限的春意。

乾隆御制《初冬香山》诗曰：“稀微红叶涂霜色，幽咽银泉

香山雪景

冬日香山

作冻声。漫拟山深寒更峭，小阳刚称试春行。松下鹤安寒月梦，矶边鱼怯荡凌波。……且携谢氏高低屐，试赏倪家浅淡山。”诗文赞誉冬境的香山，宛似元代画家倪瓒笔下的一幅山水画。

然而，香山最妙的冬景还是在“西山晴雪”。香山雪景，原名为“西山积雪”，自金代钦定为燕京八景之一。《日下旧闻考·形胜》载：“西山来自太行，连冈叠岫，上干云霄，挹抱迴环，争奇献秀。值大雪初晴，凝华积素，若肖琼雕玉，千岩万壑，宛然图画。”元代更名“西山晴雪”，明朝又改名为“西山霁雪”。

清乾隆十六年（1751）钦定燕京八景，沿用“西山晴雪”并定标于香山。其碑位于梯云仙馆西侧山岗上。碑的正面刻有“西山晴雪”四字，苍劲浑厚，背面刻有乾隆皇帝御制《西山晴雪》诗：“久曾胜迹纪春明，叠嶂嶙峋信莫京。刚喜应时沾快雪，便教佳景入新晴。寒村晓炊依林袅，古寺谏钟隔院鸣。新傍香山构精舍，好收积玉煮三清。”

至今，每逢雪后初晴，在香山凭高临远，仍可见玉峰列耸，雪峰屏立，山势高耸，白雪皑皑，深谷寒林，萧寺掩映，流水无波，峰峦沟壑间气象万千，其山取盘桓向上高远之势，其水造平静冷凝之态，其树画深郁寒峭之意。琼冈联崇，树树琼花绽放，重重瑶宇，尽覆银装，其壮美雪景，宛似一派如诗如画的瑶华境界。

皇家宫苑

香山作为皇家园林是一段特殊的历史，其营建巧妙因借了悠久历史、胜迹棋布、古木繁花、四季秀美的自然环境，体现了精在体宜、因山筑室、奇趣恒佳的造园特点，尽呈奥旷相融、虚实互借、动静相宜的造园理念，使皇家栖居林泉、避喧听政、儒释道文化与天然景色融合，使香山静宜园在京城西北郊三山五园（香山静宜园、玉泉山静明园、万寿山清漪园、畅春园和圆明园）中成为相地最胜、规格最高，且融自然、历史、人文景观于一体、独具山林特色的皇家园林。

康熙行宫

康熙皇帝好山水，自康熙十六年（1677）开始修建西北郊皇家园林，在香山建立了行宫，并命名香山行宫。其建筑质朴，殿堂、房舍、楼阁、院落、亭台俱全，经圣祖康熙皇帝御题匾额的风景名胜有香山寺、洪光寺、来青轩、璎珞岩等。乾隆皇帝曾骄傲地说："昔我皇祖于西山名胜古刹无不旷览游观，兴至则吟赏诧怀，

康熙行宫图

草木为之含辉，岩谷因而增色……率建行宫数宇于佛殿侧，无丹雘之饰。质明而往，信宿而归。牧圉不烦，如岫云、皇姑、香山者皆是。”康熙皇帝多次游幸香山，留下“涧碧溪清”“绿筠深处”“普照乾坤”“来青轩”“光明三昧”等题额和《洪光寺盘道》《来青轩临眺》《驻跸碧云寺》《碧云寺临泉望月》《碧云晓起》《再赋碧云晓起》等诗作。

香山静宜园

清乾隆八年（1743），爱新觉罗·弘历第一次来到香山，就被这里的山水所陶醉，他在《初游香山》诗中写道：“为境清且幽……佳趣无不有……俯望畅心神……徘徊不忍去。”乾隆九年（1744）成立香山工程处，并设置员外郎一名专司管理园务。十年（1745）七月开始扩建香山康熙行宫。

乾隆十一年（1746）建成二十八景，并赐名“静宜园”。自此，香山的营建工程仍在陆续进行，直到乾隆四十五年（1780）宗镜大昭之庙建成为止。

静宜园在香山前建置两座城关，内东西各建坊，中架石桥，下为月河，度桥为宫。园内为勤政殿，南北配殿，前为月河，后北为致远斋，南向。西为韵琴斋、听雪轩。东有楼，为正直和平。殿后为横秀馆，东向。南为日夕佳亭，北为清寄轩。横秀馆后建坊，内为丽瞩楼，后为多云亭。丽瞩楼后南为绿云舫。丽瞩楼迤南为虚朗斋，前为石渠，为曲水流觞，为画禅室，后为学古堂，东为郁兰堂，西为贮芳楼，又后为物外超然。其外东西南北各设宫门。上为“中宫”，也是“内寝”的一部分。周围以墙垣，四面各设宫门。小园林里有广宇、回轩、曲廊、幽房以及花木山池的点缀。主要的一组建筑朝南，名为“虚朗斋”，斋前的小溪作成曲水流觞的形式。虚朗斋相传即永安村地。学古堂前，周嵌御制静宜园二十八景诗刻石。

东宫门外石路有二:南达香山寺，东建城关，达于带水屏山，门宇南向。西为对瀑，北为畅风楼，其左为琢情之阁，东南为得一书屋，西为山阳一曲精庐。

带水屏山之西为璎珞岩，其上为绿筠深处，下有清音亭。璎珞岩东稍南为翠微亭。亭东为青未了亭。迤西岩即为驯鹿坡，坡西为龙王庙，下为双井，其上为蟾蜍峰。蟾蜍峰又谓之虾蟆石。双井之水东北注松坞云庄内，入知乐濠，由清音亭过带水屏山，绕出园门外，是为南源之水。

蟾蜍峰稍东为松坞云庄，又东为凭襟致爽，后为栖云楼。香山寺前石桥下方池为知乐濠。

香山寺在璎珞岩之西，前建坊，山门东向。南北为钟鼓楼，上为戒坛。内正殿、后殿，又后为三层六方楼。再后山巅有楼。正殿门外有听法松。“听法松”三字镌于石栏。山门内有娑罗树，并立有高宗御书娑罗树恭依皇祖元韵御幢。香山寺北为观音阁，阁后为海棠院。院东为来青轩，有圣祖御书。西为妙高堂，北为无量殿。来青轩西南为欢喜园，东西各有枋楔。

香山寺稍西有六方亭为唳霜皋。寺西北由盘道上为洪光寺，山门东北向，内建毗卢阁殿。正殿左为太虚室，又左为霞标蹬。宇北为玉乳泉，泉西稍南为绚秋林。林北为雨香馆，为洒兰书屋，其南为林天石海。

自勤政殿迄雨香馆为内垣，凡景二十。内垣有六个门，分别为东南门、东北门、约白门（西）、如意门（西南）、中亭子门（西北）、进膳门（北）。

丽瞩楼北度岭为晞阳阿，西为朝阳洞，后为观音阁，晞阳阿北为芙蓉坪，楼东敞宇为静如太古。芙蓉坪西南为香雾窟，后为竹垆精舍。其北岩间有御书“西山晴雪”石幢，为“燕京八景”之一。又北为洁素履。香雾窟南稍东为栖月崖，其西宇为得趣书屋。距崖半里许，设石楼门，镌题“云阙”崖。北为重翠崦，其下为龙王堂，下有泉。崦东南为玉华寺，山门东向，内正殿为二层。西南宇为玉华岫，其东为皋涂精舍。寺西南峰石屹立，上勒御题为“森玉笏”，东北为超然堂，堂南为旷览台，后为碧峰馆。

森玉笏东北峰上有亭，为隔云钟。以遥闻大觉生寺、华严寺钟声也。自晞阳阿以迄隔云钟为外垣，凡景有八。

出中亭子门北度为宗镜大昭之庙，庙北为正凝堂、见心斋，为别垣，凡景有二。

香山静宜园名称的由来：据乾隆十一年（1746）御制《静宜园记》所云：“盖山水之乐不能忘于怀……朴俭是崇，志则先也，动静有养，体智仁也。名曰静宜。本周子之意或有合于先天也……

信乎造物灵奥而有待于静者之自得耶！”

静，《说文青部》:“静，审也”，修外以及内静养和与真。静，也为道家修炼的境界，无为，不争，不乱，致虚静，守静笃。东汉许慎《说文解字》:“宜，所安也”“宜者，和顺之意”（朱熹《诗传集》）。

静宜园的得名，既与孔子“智者乐水，仁者乐山；智者动，仁者静，智者乐，仁者寿”的思想有关，同时又深受北宋哲学家周敦颐“无欲则虚静动直，虚静则明，明则通。动直则公，公则溥，明通公溥”思想的影响。表明乾隆对“静”的重视和追求，希望通过“静”“明”“通”“直”“公”，而达于圣人的境界。

“动静有养，体智仁也。”即指动、静对人的品德修养的陶冶。为中国古代先贤“仁者乐山、智者乐水，仁者静、智者动”。而虚静则明，明通动直，动直公溥的智慧。以山水为本，体会动静，反身修德，而获得仁德的道理。周易《文言》:“君子体仁，足以长人；嘉会，足以合礼；利物，足以和义；贞固，足以干事。君子行此四德者故曰元、亨、利、贞。”

充分体现了圣贤君子入圣之要门，即静可养生，生慧、开悟、明道、通神的诉求及静观万物、俯察庶类思想，其立意呈现了易、儒、禅、道“致虚极、守静笃”及古典皇家园林艺术所追求的智仁山水、天人合一、清虚恬静、朴野幽静的最高境界，可谓“静”“宜”乃其园林的文心骊珠也！反映出乾隆皇帝建造静宜园，因借香山优美的自然环境“取天地之美养其身”的造园思想、志趣、心态、理想。可以体会到乾隆皇帝对圣王之治的追求，“圣人之道仁者爱，义者宜；天以阳生万物，以阴成万物”是其为圣为王，达到内圣外王，要做一代圣君的理想表达。

静者自悟，动者自励。钟灵毓秀的香山，是一座心香之山，宛似一朵盛开的青莲花，正向乾隆皇帝赞道：“翘首望青莲，堪与净六尘。”“指点青莲峰，时时信步登。”给予观览者更多的心灵的宁静与空明，从而获得心灵的洗涤与清明。在寂静中感悟对生命的涤思，在行动中获得世路上砥砺前行的智慧。

乾隆皇帝一生先后八十余次游览静宜园，驻跸235天左右。每到香山都要驻跸三五日。他对香山的山林景观情有独钟，以独特的眼光撰写赏景、即事、农事、怀古、处理政务等诗篇1480余首，“我到香山如读书，日新境会领徐徐”“香山富山，玉泉富水”“静宜佳以山，静明佳以水。山静宜人性，水静明智体”等诗句，足以表明香山静宜园在乾隆皇帝心中的地位。

香山静宜园在规划、景观、道路、风景点的组织和设置等方面，更多地运用了我国名山风景仰景、框景、借景等传统造园手法，其景观、生态和文化价值是其他园林所无法比拟的，实现了可观、可居、可游的园林功用，蕴含了中国古典哲学、美学、文学，高度体现了“虽由人作，宛自天开”的造园准则，典型地反映了中国皇家园林特有的精神追求，体现着诗情画意和美学意境的融合，堪称一座蕴含中国传统文化的宝库。

香山静宜园在京西三山五园中占有特殊的历史地位，反映了中国古典皇家园林山地造园艺术的最高境界，是人与自然和谐相处、充分昭示中国传统哲学理念的典范之作。

静宜园包括内垣、外垣、别垣，共有建筑群、风景点、小型园林八十余处，其中有名噪京城的御题二十八景。

内垣：为园区东南部，是其主要建筑荟萃区，也是乾隆驻跸静宜园时的居住、游赏区，包括勤政殿、致远斋、韵琴斋、听雪轩、丽瞩楼、绿云舫、虚朗斋、带水屏山、璎珞岩、翠微亭、青未了、松坞云庄、栖云楼、香山寺、欢喜园、洪光寺、霞标磴、玉乳泉、绚秋林、雨香馆等景观。

外垣：为中上部的山林地带，是其登高眺远、瞩望京城、栖息品茗的好地方，包括晞阳阿、朝阳洞、芙蓉坪、香雾窟、西山晴雪、栖月崖、重翠崦、玉华岫、森玉笏、隔云钟等景观。

别垣：是香山东北部平原地带，包括宗镜大昭之庙、见心斋等景观。

清人绘五园图

二十八景

勤政殿

位于静宜园东宫门内，正殿五间，左右配殿各五间，前临月牙河，后倚山麓，雄伟壮丽，为皇帝接见大臣、处理朝政的场所，是清代皇家园林最具标志性的建筑。殿内金柱上联曰：“林月映霄衣寮寀一堂师帝典”，下联曰：“松风传昼漏农桑四野绘豳图”。大意为：林月照映的皇帝勤于政务，宵衣旰食与群臣共同研学，遵循先帝典籍执政；松风传来报晓的信息，殿外四野可见子民安居乐业忙于农桑的丰收景象。额题“与和气游”，出自《汉书·王褒传》：“恩从祥风翱，德与和气游”。寓意皇恩浩荡像祥瑞的和风一样无处不在，又有人与天调、天人共融、天人合一的思想。其楹联、匾额记述着一代帝王勤于政务、修身立德、追求内圣外王的理想和情怀。1860 年被英法联军焚毁，仅存殿基、月牙河、殿两侧假山。2003 年按清代样式雷图纸及规制复建。

乾隆十一年（1746）御制《勤政殿》诗序：“皇祖就西苑政趯台之陂为瀛台以避暑，视事之所颜曰勤政。皇考圆明园视事之殿亦以勤政名之。予既以静宜名是园，复建殿山麓，延建公卿百僚，取自外来者近而无登陟之劳也，晨披既勤，昼接靡倦，所行

勤政殿

之政即皇祖、皇考之政，因寓意兹名，昭继述之志，用自勖焉。”诗文曰：“悦心期有养，好乐励无荒。漫拟灵称囿，偏宜山号香。问农频驻跸，咨采喜同堂。家法传勤政，孜孜敢暂忘！”

勤政殿印章

丽瞩楼

位于勤政殿西侧，是一座二层硬山楼宇式建筑，每层五间。登临此楼可眺望皇都壮丽景色，故名丽瞩楼。后在其周围陆续增建横秀馆、清寄轩、日夕佳等建筑，构成一个完整的院落，建筑群颇为绮丽。清寄轩为乾隆皇帝之圣母皇太后游览香山时的寝宫。1860 年被英法联军焚毁，仅存遗址。

乾隆十一年（1746）御制《丽瞩楼》诗序：“勤政殿依山为屏，取径于屏之南，折而东，平冈数百步，缭以周垣，奥室数楹，颜曰静寄。缘石蹬左右上，华表桀峙，岑楼隐峰，审曲面势，时惟朝阳，因山为基，斯楼最其胜处。”诗文曰：“重基百尺耸，万象四邻通。岚霭变朝暮，山川无始终。会心堪致远，抚景念居崇。春色皇州好，都归一览中。”

丽瞩楼印章

乾隆四十四年（1779）《清寄轩叠辛巳诗韵》诗曰：“触目感相关，云轩廿载间（此处为向年构筑，以备圣母游山来此驻宿之所。逮今将二十载矣）。惟深增痛志，那复侍愉颜。飒飒阶松籁，依依坡鹿斑。向年祝厘景，挥泪对苍山。”

丽瞩楼

绿云舫

位于丽瞩楼西南，是乾隆皇帝仿热河避暑山庄“云帆月舫”景观而建，形若舟舫，实为斋室，给人陆地入室如在舟中之感。名“绿云舫”，是因为此处有绿荫浓郁如若烟波的意境，也有“水能载舟，亦能覆舟”的警示寓意。其景观于1860年被英法联军焚毁。中华民国时期，熊希龄在绿云舫遗址上修建香山慈幼院图书馆。

绿云舫印章

乾隆十一年（1746）御制《绿云舫》诗序曰：“园中水皆涓涓细流，不任舟楫。因仿避暑山庄内云帆月舫为斋室。而以舫名之。盖自欧阳氏画舫而后，人多慕效之者。夫舟之用，以水居无

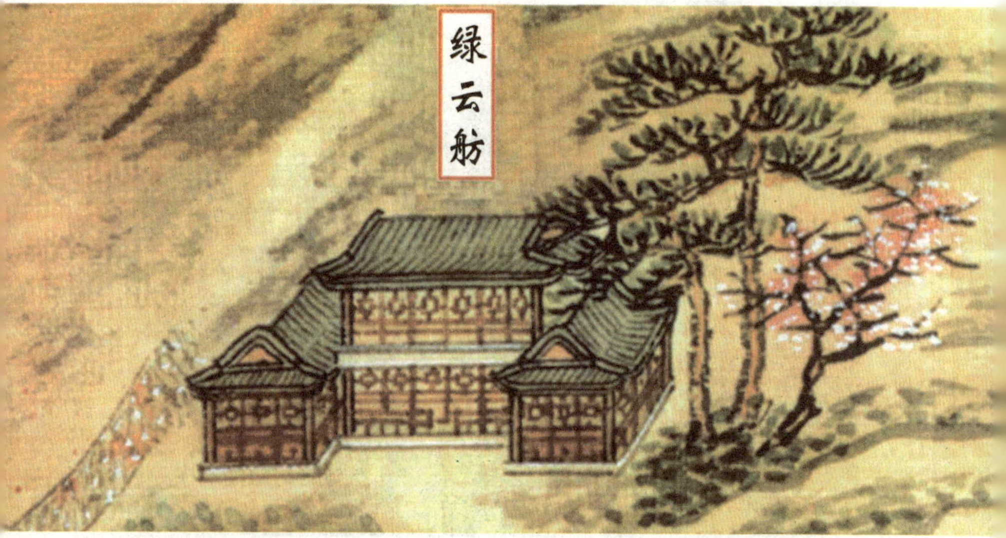

绿云舫

异陆处为利；而陆处者，又以入室如在舟中为适。然则山居水宿，无事强生分别。况载舟覆舟为鉴，又岂独在水哉！”诗文曰：“是处绿阴稠，几余静憩留。烟霞常荟蔚，鱼鸟任飞浮。不系乔松畔，将寻古渡头。周髀归妙契，天地一虚舟。”

乾隆四十八年（1783）诗文曰：“入夏枝态密，过雨叶意润。以此貌绿云，宜哉那待问。而舍构其间，拟舫真无吝。桨弗藉波荡，帆岂资风顺。如是泛虚舟，蓬瀛即可进。”

虚朗斋

位于勤政殿南，是静宜园中规模最大、陈设最豪华的一组建筑群，为乾隆皇帝驻跸香山静宜园的寝宫，亦称中宫。其寝宫东、南、北方向各设宫门一座。东宫门前东北方向各设朝房三间，院内有敷翠轩、濠濮想、学古堂、聚芳图、凌虚馆、泽春轩、揖翠楼、延旭轩、伫芳楼。南宫门内有虚朗斋、画禅室、露香亭及曲水流觞景观。西侧二进庭院内由披云室、采香亭、怡情书室、水容峰翠等组成；北宫门内由东、西配殿，郁兰堂、物外超然构成，西侧建有情赏为美、元和宣畅戏台。

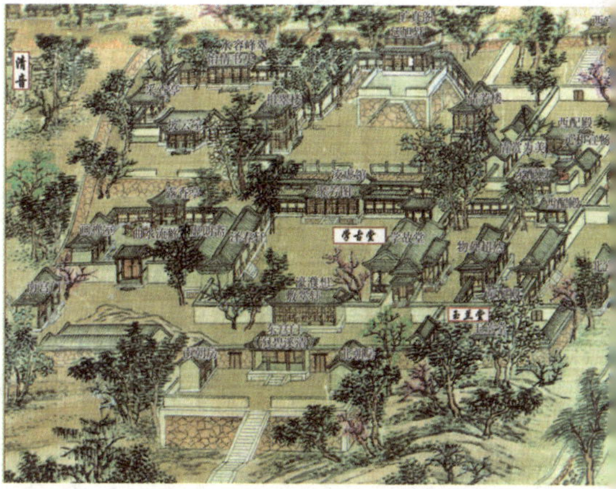

虚朗斋

寝宫内殿宇楼阁、亭台轩榭，雕梁画栋，精工细琢，陈设华贵。可惜其建筑组群于 1860 年被英法联军焚毁。中华民国时期为静宜园女校，1979 年拆除院内全部设施，由贝聿铭设计为香山饭店，自 1982 年营业至今。

乾隆十一年（1746）御制《虚朗斋》诗序："由丽瞩楼而南，渡石桥，为北宫门。沿涧东行，折而南为东宫门。中为广宇回轩，曲廊洞房，密者宜燠，敞者宜凉，宋棁不雕，楹槛不饰。砻石周庑之壁，书兹山旧作，与摹古帖参半，南为曲水，藤花垂蔓覆其上，向南一斋曰虚朗。虚则公，公则明朗之为义，高明有融。异夫昭昭察察之为者，要非致虚极不足语此。"诗文曰："澹泊志乃虚，宁静视斯朗。川云供啸咏，天地任俯仰。隐几极目清，披襟满意爽。惟其无一物，是故含万象。"

虚朗斋印章

璎珞岩

位于虚朗斋西南，叠岩间流水散漫浸注，如雨飘洒，如雹飞溅，潺潺淙淙，入耳成乐，有声有色，岩上缀满青苔，岩壁翠绿，水若串珠，色彩斑斓宛似璎珞，故取名璎珞岩。岩壁上方建厅宇三楹，外悬"绿筠深处"匾额；岩旁水池一方上漫瀑布，池旁有亭，名曰"清音"，池壁上刻有乾隆题咏诗。《日下旧闻考》记载："亭之胜以耳受，岩之胜以目谋，澡濯神明，斯为最矣。"其景观

璎珞岩印章

于1860年被英法联军焚毁。1982年进行复建。

乾隆十一年（1746）御制《璎珞岩》诗序:“横云馆之东，有泉侧出岩穴中，叠石如扆，泉漫流其间，倾者如注，散者如滴，如连珠，如缀旒，泛洒如雨，飞溅如雹。萦委翠壁，潨潨众响，如奏水乐。颜其亭曰清音，岩曰璎珞。亭之胜以耳受，岩之胜与目谋，澡濯神明，斯为最矣。”诗文曰 :“滴滴更潺潺，琴音大地间。东阳原有乐，月面却无山。忘耳听云梵，栖心揖黛鬟。饮光如悟此，不复破微颜。”

翠微亭

位于璎珞岩之东南，地处于古树、绿荫、沟壑、山岩之间，其景在于妙借叠嶂山峦，蔚秀浓郁，自成佳趣，故有“翠微”之称。

璎珞岩

翠微亭印章

立于亭中，四周山峦环抱，可尽览香山四时四季胜景，尤以入夏千嶂叠翠景致最为引人入胜。乾隆二十一年（1756）御制诗曰：“几株枯树一危亭，拳石无多多诡形。记得画图曾见处，迂倪每契此中灵。”将此景赞誉为倪瓒的画境。其景观于1860年被英法联军焚毁，亭旁乾隆御制翠微亭诗石刻，保留至今。

乾隆十一年（1746）御制《翠微亭》诗序：“宫门之南古木森列，山麓稍北为小亭。入夏千章绿阴，禽声上下；秋冬木叶尽脱，寒柯萧槭，天然倪迂小景。”诗文曰：“须弥与一芥，大小岂争差？亭子不嫌窄，翠微良复赊。入诗惟罨画，沐雨欲蒸霞。莫羡痴黄派，倪迂各擅家。”

翠微亭

青未了

青未了印章

位于翠微亭对面山巅之上，为五间四面环廊歇山式殿，殿堂外檐悬乾隆御书“青未了”匾额。在此极目群峰苍翠，岱色无垠，颇有“会当凌绝顶，一览众山小”的感觉，乾隆取杜甫《望岳》“岱宗夫如何，齐鲁青未了”诗句为此景命名，同时也寓意着香山之青色到此未了。登临此处视野无垠，可尽享眺望之美。其建筑于 1860 年被英法联军焚毁。

乾隆十一年（1746）御制《青未了》诗序：“南山别嶂为宫门右臂，群峰苍翠满目，阡陌村墟，极望无际。玉泉一山，蔚若

青未了

点黛，都城烟树，隐隐可辨。政不必登泰岱、俯青齐，方得杜陵诗意。”诗文曰：“拳石堪称岱，来青况复同。川原渺何极？云木望无穷。社尚怀居易，价疑招远公。升高应绝顶，不必畏蚕丛。”

驯鹿坡

位于青未了西南山坡。原为放养入贡鹿群之山地，山坡处建有上鹿圈和下鹿圈。乾隆皇帝在御制诗中不仅有“松潇洒鹤呼侣，翠岫崎嵚鹿养茸”“呦呦鹿过涧，栩栩蝶抱兰”的诗句，描写了园内驯鹿活动，而且在《有鹿五章章四句》诗中记载了成鹿生育小鹿的情景。

驯鹿坡印章

乾隆十一年（1746）御制《驯鹿坡》诗序：“东海有使鹿之部，

驯鹿坡

产驯鹿，胜负戴，被鞍服箱，兼牛马之用，而性尤驯扰。用则呼之使前，用毕散走山泽。其地习为固然，弗之异也。宁古塔将军以之入贡。中国服牛乘马，不假为用，因放诸长林丰草，俾适其性，其毋以不见用自感耶！”诗文曰:“鹿马原常有，甡甡看两三。器车浑可驾,绿耳底须骖？丰草群惟适,嘉苹性所耽。辋川传鹿柴，视此定增惭。”

蟾蜍峰

蟾蜍峰印章

位于双清西南，为两块并列在一起的独特巨石，坐南向西北凸起，元朝御史萨都剌所作《香山八景》诗中,其《乳峰古寺》将此景赞誉为“乳峰”，山为“乳峰山”。其《乳峰山》诗曰 :“山腹双双翠出尖，游人原不厌观瞻。露和石髓沾苔腻，雨带泉花溅齿甘。雾幛轻笼遮隐隐，云襟半袒露纤纤。儿童月下欢相指，天姥开怀照玉奁。”其意境浪漫而富有妙趣。明文献《宛署杂记》记载 :“乳峰山，古寺西方丈后，即今名香山。”

蟾蜍一说，出自明代《南濠集》记载 :“右为香炉山，冈下有蟾蜍石。”的确，它们酷似两只引首翘望、张嘴鼓肚的蛤蟆。明代李攀龙《香山寺》诗有“月抱蟾蜍石，星摇舍利珠”；明冯惟敏《香山寺》有“偃息蟾蜍石，寻思往岁诗”。乾隆皇帝将石峰命名为“蟾蜍峰”，作为欢喜园的妙借之景，但在其殿宇又悬

蟾蜍峰

挂“得象外意”之匾，表达了此景给予的象外之象，意外之意。现其石峰景观保存完好。

乾隆十一年（1746）御制《蟾蜍峰》诗序：“香山寺西冈，巨石侧立如蟾蜍，哆口张颐，睅目皤腹，昂首而东望。尝谓宇宙间石为最顽，而肖物象形，往往出人意表。况木变、松化，造物固无所不有。麻源山石中有螺蚌，兹石得无东坡诗中青猿醉道士类欤？”诗文曰:“久竹生青宁,洪垆善委形。试看蹲海物，将欲补山经。腹尚礌礌果，声疑阁阁听。空怀玉川子，咄咄笔无停。”

栖云楼

栖云楼印章

位于香山寺南，院内有凭襟致爽、松坞云庄、山水清音戏台、青霞堆亭、宫门等建筑景观。栖云楼是院落内最后一组建筑，二层五楹硬山式楼宇，建在高台之上，地势高峻，右瞰远岫、左倚苍岩，水气云烟，弥漫期间，乾隆皇帝称赞此景是“致颇幽秀”。乾隆皇帝笃信佛教，对佛法参悟造诣精深，每次驻跸香山都要在此召见藏传佛教四大活佛之一的“章嘉国师”及青崖和尚，与之谈禅讲经。在此共赋诗三十余首。院内有水池一方，乾隆皇帝称之为“天池”，其水源来自西山名泉“梦感泉”。因其两眼泉水水质澄澈，乾隆皇帝赐名“双清”，并于泉旁石壁

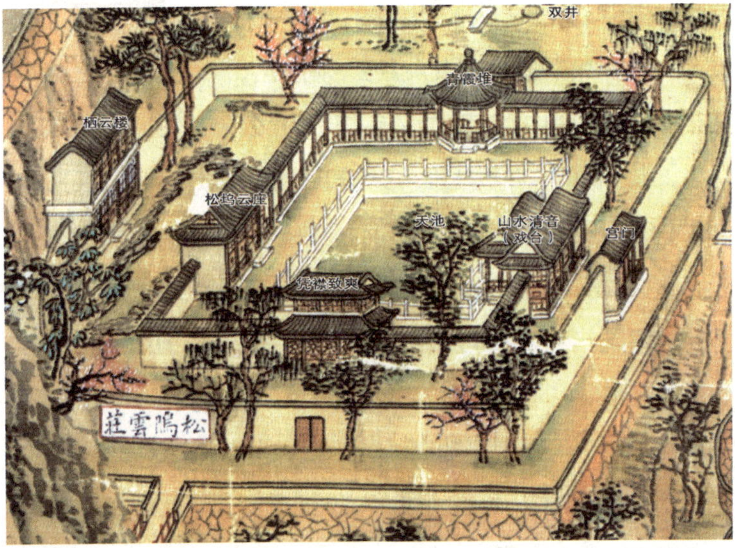

栖云楼

上题写“双清”二字，所以“梦感泉”又被称为“双清泉”。该处景观建筑1860年被英法联军焚毁。

乾隆十一年（1746）御制《栖云楼》诗序：“予初游香山，建此于永安寺西麓，适当山之半。右倚层岩，左瞰远岫，亭榭略具。虽逼处西偏，未尽兹山之胜，而堂密荟蔚，致颇幽秀。”诗文曰：“过去心难得，未来亦复然。以此例现在，毕竟谁火传？高楼号栖云，题句忆昔年。阶畔碎琼声，报我无留迁。”

知乐濠

知乐濠印章

位于香山寺前石桥下的方池，原为放生池，乾隆皇帝至此见鱼儿游浮自得其乐如行空中，便引《庄子·秋水篇》中的典故为之取名。故事讲的是庄子与友人惠子一同出游，庄子看到鱼在水中自在地游来游去，非常羡慕它们，认为它们很快乐，惠子便问：“你不是鱼，怎么知道鱼很快乐？”庄子反问道：“你又不是我，怎么知道我不知道鱼快乐？”因此“知乐濠”的名字体现着乾隆皇帝对老庄思想及思辨哲理的传承与感悟。

乾隆十一年（1746）御制《知乐濠》诗序曰：“山涧曲流湍急，停蓄处苔藻摇曳，轻鲦游泳，如行空中。生物以得所为乐，涧溪沼沚与江湖等耳。知其乐随在可作濠梁观。”诗文曰：“濮濮鸣曲注，然否是濠梁。得趣知鱼乐，忘机狎鸟翔。唫喁云雾上，泼剌柏松旁。寄语拘墟者，来兹悟达庄。”

香山寺

香山寺印章

位于静宜园南侧山麓，是北京西山历史最久的寺院之一。史料记载其始建于唐代，原为香山、吉安两寺。金大定二十六年（1186）世宗重修香山寺，赐名“大永安寺”。元皇庆元年（1312）仁宗爱育黎拔力八达给钞万锭修缮永安寺，并更名为“甘露寺”。明代，正统年间（1436—1449）太监范宏费资七十余万，扩建香山寺，寺院焕然一新，规制宏丽，蔚为巨刹，名“香山永安禅寺”。

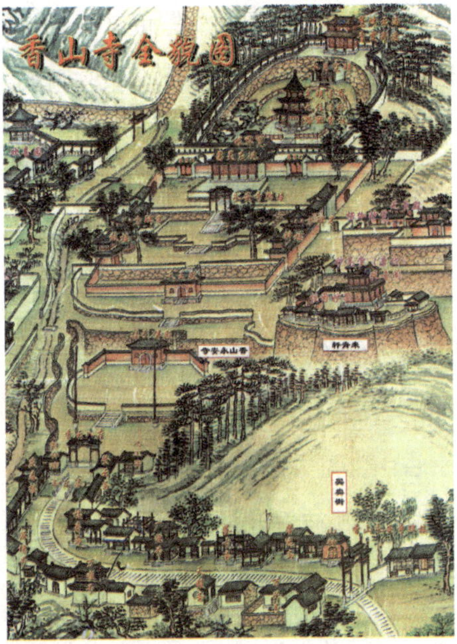

香山寺、知乐濠

随着乾隆皇帝的扩修，香山寺位列静宜园二十八景之一，并御赐名“香山大永安禅寺”，后来又添建了内买卖街、香云入座、眼界宽等建筑，后苑由九十二间爬山半壁环廊及三层六边形的“薝蔔香林”阁、“青霞寄逸”楼、“水月空明”殿等建筑组成，由青云片组成的叠山、石洞及砖踏跺、盘道浑然一体，真可谓“虽由人作、宛自天开”，不仅在中国寺院建筑中非常罕见，就是在中国古典造园艺术中也堪称上乘之作。乾隆年间香山大永安禅寺形成了前街、中寺、后苑的独特格局，整个寺宇依山而立，错落有致，规模宏伟，与周围景致交相辉映。1860 年、1900 年两度遭帝国主义侵略军焚劫，成为废墟。2012 年完成考古工作，2014 年启动复建，2017 年 10 月完成 29 尊佛像铸造及展陈等工作，于 2017 年 11 月 28 日正式开放。

乾隆十一年（1746）御制《香山寺》诗序曰：“寺建于金世宗大间，依岩架壑，为殿五层，金碧辉映。自下望之，层级可数。旧名永安，亦名永安，亦曰甘露。予谓香山在洛中龙门，白居易取以自号，山名既同，即以山名寺，奚为不可？”诗文曰：“雁堂传宝界，鹿苑本仙区。结夏参摩诘，和南礼曼殊。分茶驰调水，清馔饱伊蒲。欲拟题新句，寻思色相无。”

听法松

位于香山寺西佛殿门外。相传东晋时有位高僧讲经，因讲得义理明彻竟使顽石感化，点头称是。清乾隆皇帝巡幸香山，见香山松柏成荫，惟香山寺殿前有松数株，虬枝秀挺，特别是山门内一松尤为奇古，宛似在探向殿内听佛说法，乾隆皇帝形容它“百尺乔耸，侧

听法松印章

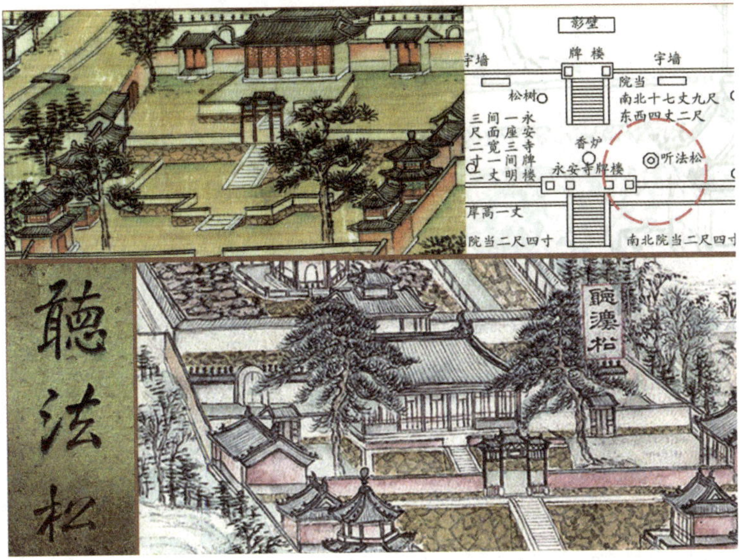

听法松

立回向，自殿中视之，如偏袒阶下，生公石不得专美矣”。因此以顽石闻经点头的典故，为其命名“听法松”。1860 年香山寺遭英法联军焚毁，因大殿被焚烧，“听法松”也未幸存。现天王殿前的题刻“听法松”，为中华民国时期陈兴亚补缀。

乾隆十一年（1746）御制《听法松》诗序：“山多桧柏，惟香山寺殿前有松数株，虬枝秀挺。山门内一松尤奇古，百尺乔耸，侧立回向。自殿中视之，如偏袒阶下，生公石不得专美矣。”诗文曰：“点头曾有石，听法讵无松？籁响疑酬偈，枝拿学扰龙。佛张苍翠盖，僧倚水云筇。比似灵岩寺，何劳摩顶重？”

来青轩

来青轩印章

位于香山寺北侧，始建于明代，临崖而建，庭院坐北朝南，经山门入，影壁后高台之上建有面阔、进深各三间的一座二层歇山黄琉璃顶观音阁，其基础宛似盛开的曼陀罗，阁后为海棠院，院内植种二株海棠树，花开时节芳香四溢。东为来青轩及二十余楹廊轩相连，沿崖铺设鹅卵石甬路。来青轩建筑坐西朝东，为斋室五楹，自轩中远眺，境界无垠，据明代蒋一葵《长安客话》:“来青轩在佛殿东,所从来久,其匾额则今上（万历）宸翰也。轩五楹，栏楯外垣以砖甓，下临绝壑，玉泉诸峰按伏其前。朱殿撰之蕃题楹：‘恐坏云根开地窖，爱看山色放墙低。’可称绝唱。凭栏东望，不但芙蓉十里,杭稻千顷,尽在目中。而神京龙蟠凤舞,郁葱佳气，逼窗而来。大挹山川之秀，信为诸胜地第一。”“来青轩”匾额由历明正统、景泰、天顺、成化、弘治五朝的著名书画家姜立纲题写。万历十四年（1586），万历皇帝谒陵归途游览香山，在来青轩观赏后对其轩昂气势感触颇深，便拿来纸墨，笔势飞动写下字大径尺的“来青轩”三个大字，将字迹狭小的匾额替换下来。

来青轩景观秀美，受到历代文人骚客的赞誉，有许多优美诗句传世,如:“百尺漩台翠黛攒,扶桑初日照朱栏。参差宫殿云中出，缥缈湖山掌上看”；“地敞千林月，门开万壑霞。花间翻贝叶，树梢见人家”；“松间白鹤如嫌客，顾影翩然忽自飞”等。

清康熙皇帝游览来青轩时，题写了寓意深刻的“普照乾坤”匾及楹联一副。乾隆皇帝数十次游幸此地，称其“远眺绝旷，尽挹山川之秀”，重题“来青轩”匾，并将其列入二十八景之一。其景观建筑于1860年被英法联军焚毁。

乾隆十一年（1746）御制《来青轩》诗序曰：“由香山寺正殿历级东行，过回廊而东，为来青轩。《帝京景物略》谓明神宗所题，今额已不存矣。远眺绝旷，尽挹山川之秀，故为西山最著名处。因仍其名而重为书额。圣祖御题“普照乾坤”四大字，瞻仰之次，想见涵盖一切气象。”诗文曰：“山斋悬树杪，旷若发尘蒙。探迹思今昔，游神泯异同。烟容空外合，黛影牖间通。敬仰留题意，乾坤方寸中。”

乾隆五十二年（1787）御制《来青轩》诗曰：“来青所必临，

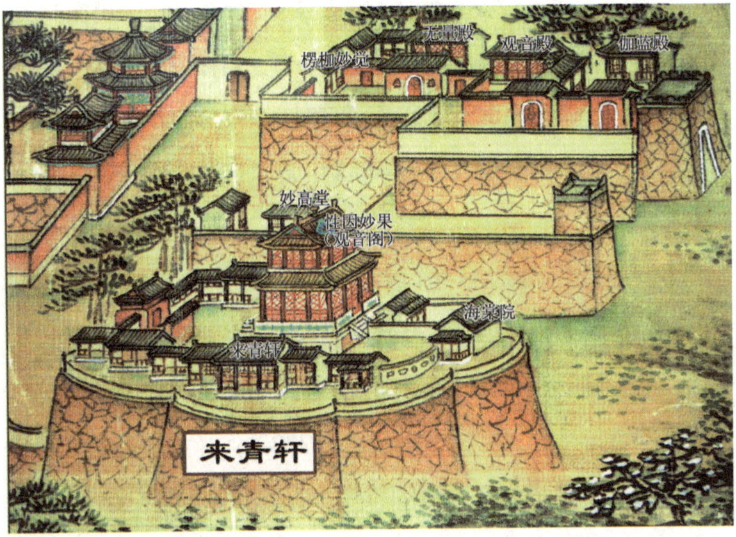

来青轩

二义其中寻。一则绿云锁，四面蔚叠林。一则翠毯铺，万亩攒秧针……”描绘了近山环翠、烟虚远村、田塍相错、历历如画，皆在几席的境界。

唳霜皋

位于洪光寺西南，原建有六方亭一座，乾隆皇帝在附近山坡上曾养海鹤一群，立于亭中可闻群鹤鸣叫之声，故引用《诗经》中“鹤鸣于九皋，声闻于天”的意境为此命名。可以想象每当霜天月夜，群鹤长鸣，如入月宫仙境，别有一番趣味。

唳霜皋印章

乾隆十一年（1746）御制《唳霜皋》诗序曰：“山中晨禽时鸟，随候哢声，与梵呗鱼鼓相应，饲海鹤一群，月夜澄霁，霜天晓晴，戛然送响，嘹亮云外。”诗文曰：“胎仙志云水，讵可羁尘俗？霜皋逼青冥，差当寄高躅。华表事匪幻，赤壁梦谁续？婆罗门叫音，远胜丝竹肉。”

乾隆十二年（1747）作《夏香山杂诗》描述孤鹤鸣声嘹亮，曰：“松风忽作秋，夏山已如滴。戛然孤鹤鸣，响过柯亭笛。”同年作《夏日香山》诗：“鹤林玉露有名言，即景因思一陟樊。兴洽路旁肥绿稻，忧忘阶下茁金萱。”乾隆二十八年（1763）作《放鹤叠去岁避暑山庄放鹤亭韵》描述了放鹤的感受。乾隆二十九年（1764）《咏鹤二首》诗序曰：“去岁冬驻此放鹤，兹仍在园中，特翱翔任其

唳霜皋

性耳。在阴景概与避暑山庄略同，不能忘言，辄成二首。”诗文曰：“去年放鹤翠岩间，今岁还看鹤在山。不恋稻粱喜松石，世多凡鸟那能攀。快哉解脱出笼关，饮啄清泉古柏间。嘹亮一声云表落，较于昔特觉心闲。”其景观于 1860 年被英法联军焚毁。

香岩室

位于香山寺西北洪光寺内。洪光寺是明成化年间高丽人郑同仿朝鲜金刚山圆殿修建，乾隆年间进行整修，赐“香岩室、毗卢圆殿、太虚室”等建筑名称。寺内建筑主要有香岩室（五间歇山式楼阁）、毗卢圆殿（重檐琉璃建筑）、太虚室（三间硬山式）等。乾隆皇帝有“寺据层岩室号香”诗句说明香岩室名称来历。香岩室为一座五间楼阁。康熙皇帝曾在此御题“光明三昧”，1860 年

香岩室印章

香岩室

被英法联军焚毁。

乾隆十一年（1746）御制《香岩室》诗序曰：“据香山东岭有古刹，名洪光。明成化中中官郑同重修。同，高丽人，相传寺毗卢圆殿即仿其国金刚山为之者，未知信否也。因回为高，临虚标秀，予旧题曰香岩净域。”诗文曰：“突夏据横峦，天窗纳虚宇。树分功德林，身在逍遥所。始静恰宜听，既远犹堪睹。天女参维摩，时时下花雨。”

霞标磴

位于中宫西侧，原为“九曲十八盘”盘道间的一座三楹歇山式敞厅，因此处可观霞起月生，故乾隆皇帝赐名“霞标磴”，并御题匾额悬挂于敞厅外檐。原有樟木包镶床、古铜烧万寿石熏香鼎、黄铜出戟方花觚等陈设。1860 年被英法联军焚毁。

乾隆十一年（1746）御制《霞标磴》诗序曰：“香岩空前，累石为磴，凡九曲，历十八盘而上，仿佛李思训、王维画蜀山栈道。山势耸拔，取径以纡而得夷。非五回之岭，九折之坂崭绝而不可上者比也。”诗文曰：“筑山嗤赘力，结宇喜天成。踏蹬看霞起，披林纳月行。惟因纡作直，却化险为平。九折何须比？因之见物情。”

霞标磴印章

霞标磴

玉乳泉

从中宫循路西行就可到达，此处有山泉一眼，顺地势建有六个石潭，山泉流入潭中，不溢不竭。乾隆皇帝见此泉水如“玉液流甘”，故命名。泉旁建有玉乳泉殿、致佳亭、鹦集崖等建筑。1860 年被英法联军焚毁，现仅存殿基和周边的“仙掌”“玉乳泉诗”“藻绿垂伸”“一拳石”等御题石刻。

玉乳泉印章

乾隆十一年（1746）御制《玉乳泉》诗序曰：“行宫之西，循仄径而上，有泉从山腹中出，清泚可鉴。因其高下，凿三沼蓄之。盈科而进，各满其量，不溢不竭。长安可游记谓山有乳峰，时嘘

玉乳泉

云雾，类匡庐香炉峰。不知玉液流甘，峰自以泉得名耳。”诗文曰：“乍可微风拂，偏宜皎月涵。西湖不千里，当境即三潭。演漾冈峦影，卷舒晴雨岚。灵源何处是？一脉试寻探。”

绚秋林

绚秋林印章

位于洪光寺西北，为一座四面出轩的十字重檐方亭，由于这一带林木丰茂，树种繁多，有桧、有槐、有榆、有枫、有银杏，每当秋深季节，这里丹黄朱翠，幻色炫彩，故被乾隆帝赐名“绚秋林”。亭内陈设一把鹿角椅，亭外向北悬乾隆御笔大理石红字“绚秋林”匾额。

乾隆十一年（1746）乾隆皇帝至此感悟曰：“绚秋林……深秋纵目，紫翠万状，因悟杜甫绝壁过云之句，非身历其境者不能得也。”赋诗曰：“后劲金行信不虚，试看霞绮缬林庐。设无警句诗难称，便有名工画岂如。飒沓风中人度语，欃椮烟外雁成书。谷神三命应无忝，赤戳葱衡振紫裾。”

乾隆十一年（1746）御制《绚秋林》诗序曰：“山中之树，嘉者有松、有桧、有柏、有槐、有榆，最大者有银杏、有枫，深秋霜老，丹黄朱翠，幻色炫采。朝旭初射，夕阳返照，绮缬不足拟其丽，巧匠设色不能穷其工。”诗文曰：“嶂叶经霜染，迎晖紫翠纷。绚秋堪入画，开锦恰过云。晻蔼峰容变，迷茫界道分。金

绚秋林

官斗青帝，果足张吾军。”

绚秋林建筑于1860年被英法联军焚毁，仅存基址和西侧巨石上乾隆镌题的“叠翠”“萝屏”“翠云堆”“留青”等石刻。

雨香馆

雨香馆印章

位于玉乳泉西南。乾隆皇帝以“雨之德在香，稼穑惟作甘，雨润香益彰”而命名。其景区由宫门、环廊、雨香馆（三间硬山式）、翠微山房（三间歇山式带环廊）、洒兰书屋（五间歇山式带抱厦）、林天石海（三间歇山式）、揽秀亭（四角攒尖顶）等建筑景观组成。庭院顺山势回廊环绕，景境相连，芳菲盈园，幽深清凉，入院赏雨而绝不会淋到雨。1860年被英法联军焚毁，仅存遗址和石壁上乾隆御笔“削玉”“卓笔”石刻。2015年10月完成复建。

乾隆十一年（1746）御制《雨香馆》诗序："绿云舫稍西，步平冈而南，为雨香馆。山中晴雨朝暮各有其胜，而雨景尤奇。油云四起，滃郁栋牖，长风飘洒，倏近倏远。苔石药苗，芬馨郁烈，沉水龙涎，不免烟火气。"诗文曰："出云峰更秀，酿雨地斯灵。景写一空白，膏苏万陇青。悦心惟乐岁，养志奉慈宁。何必刘宾客，端称以德馨。"

乾隆四十四年（1779）有诗曰："雨之色在白，雨之意在凉。胥非雨之德，雨之德在香。曰雨非檀麝，又非花芬芳。其香何自来，害不观田秧。稼穑惟作甘，雨润香益彰。其德普且深，远胜彼都梁。设谓喻林卉，林卉奚足当。"

雨香馆

晞阳阿

晞阳阿印章

位于森玉笏西北侧，又称朝阳洞，由晞阳阿（三间歇山建筑）、观音阁（三间硬山建筑）、延月亭（重檐四角攒尖顶）和朝阳洞等建筑景观组成。乾隆皇帝取《楚辞·少司命》“与汝沐兮咸池，晞汝发兮阳之阿”命名。晞阳阿殿西石壁上刻有乾隆题诗八首。观音阁下石壁间有一石洞深广，洞外刻乾隆御题“朝阳洞”三字，洞内供奉龙神，乾隆皇帝多次在此祈雨。景区建筑于 1860 年被英法联军焚毁。朝阳洞及御制诗题刻保存至今。2014 年按照清代样式雷图纸及规制完成建筑复建。

乾隆十一年（1746）御制《晞阳阿》诗序曰：“逾丽瞩楼而北，过小岭，有石岈立，虚其中为厂，可敷蒲团晏坐，望香岩来青，缥缈云外，其南数十步复有巨石，卓立如伟丈夫，俗呼朝阳洞。日下旧闻不之载，盖无僧寮亭榭，为游人所忽耳。命扫石壁烟煤，芟除灌秽，取楚辞为之名。”诗文曰：“我初未来此，雾壑尔许深。扫石坐中唐，一畅平生心。仰接天花落，俯视飞鸟沉。自惟昔岂昔，乃知今匪今。”

乾隆十二年（1747）有诗曰：“此处亦常来，未比别峰殊。问景值严节，始识其妙夫。阴岭辟圆户，石林得仄途。匼匝玉屏围，避风静霜株。温暾金乌临，送暖烘水须。晞阳坐云窝，旷览恣清娱。即景思赵衰，况予司化枢。”

晞阳阿

芙蓉坪

位于玉华岫东北侧，原为三间二层楼阁，楼东石壁题刻乾隆御制《芙蓉坪》诗。东侧有敞厅三间、歇山式建筑，厅外檐向东悬乾隆御题“静如太古”匾额。芙蓉坪西南方建“有秋亭”一座。登临芙蓉坪远望群峰宛似出水碧莲，乾隆皇帝有“翘首眺青莲”的诗句描写此景之秀丽。1860 年被英法联军焚毁，北侧石壁上仍保存乾隆御笔“芙蓉坪”三字及御制诗文。

芙蓉坪印章

乾隆十一年（1746）御制《芙蓉坪》诗序曰：“最北一嶂，迤逦曲注，宛宛如游龙，

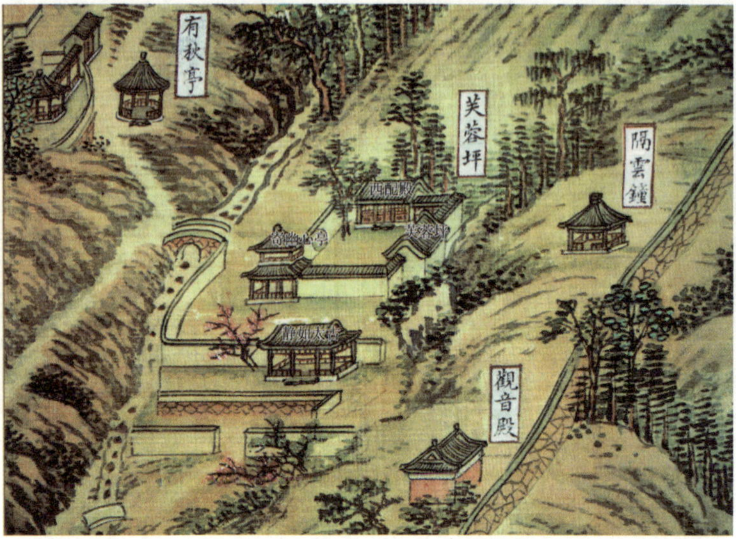

芙蓉坪

回绕园后。昔人有云，岩岭高则云霞之气鲜，林薮深则萧瑟之音清。两言得园中之概。”诗文曰：“足底生云霞，臂左招星辰。振衣千仞冈，此语诚可人。到来每徘徊，欲去重逡巡。翘首眺青莲，堪以静六尘。”

香雾窟

位于森玉笏西北侧，因此处绿荫掩映、清静幽雅、草木芬芳而得名。主体景观建筑由三层高低错落的庭院和十余组殿宇、亭台、厅堂及数十间游廊相连接。坐落在最后面的七间硬山建筑是乾隆皇帝到香山游玩时必到的地方“游目天表”，又称静室；其北侧为专门烹茶品茗的竹炉精舍；其后为最高处，是建在城关台上的三间歇山敞厅“镜烟楼”，可谓集静趣雅趣为一室。乾隆皇帝每每到此皆能获得静思之奥妙和圣君之德的提升。

香雾窟印章

香雾窟是静宜园时期园内最高的景观建筑组群，亦称最高处。其庭院依山势而建，布局疏密有致，奥旷相宜。西侧建筑紧凑幽闭，而东侧矮墙环围疏朗宽敞，庭院中建有四柱三楼冲天式牌坊，上嵌额曰香圃、琪林；庭院东南角建有四柱攒尖亭一座，名曰小有。院东、南、北入口皆建有两柱冲天式牌楼，东面牌楼上嵌额曰虹梁、月境，南面牌楼上嵌额曰丹梯、翠壑，北面牌楼上嵌额曰攒萝、环绮。

香雾窟景区建筑于1860年被英法联军焚毁，仅存残垣断壁。2003年按样式雷图纸复建了主体建筑。

乾隆十一年（1746）御制《香雾窟》诗序曰：“历玉华岫而上，西南行，陟山巅，是园中最高处。就回峰之侧为丽谯，睥睨如严关。由石磴拾级而上，则山外复有群山，屏障其外。境之不易穷如此。人以足所至为高，目所际为远，至此可自悟矣。”诗文赞：“釜缘萝薜烟，攀陟枫杉岭。樽俎千里遥，衣裳九夏冷。漫嫌步屧劳，堪令心神屏。将谓最高处，更有无穷境。”

乾隆四十八年（1783）作《静室对雪》诗曰：“静室香山最高处，简来来必有奇遇。今朝到始作细霰，少坐六花遂纷布。玉泉昆明近在望，瞥眼弥漫失其故。昨惜春寒迟花叶，顷刻万葩缀

香雾窟

峰树。殷七自笑逊奇术，青女曾弗劳神虑。本期雨而何期雪，凉结（为雪）暖融（为雨）泽同如。微恐青郊冻麦苗，却幸麦苗未吐露。”

栖月崖

位于森玉笏东北，此处山川佳胜，乾隆皇帝取郦道元《水经注》中“岭纡曦轩，峰驻月驾，斯崖有焉”之意命名。原景观由乐此山川佳、得趣书屋、倚吟殿等建筑组成。乐此山川佳为一座

栖月崖印章

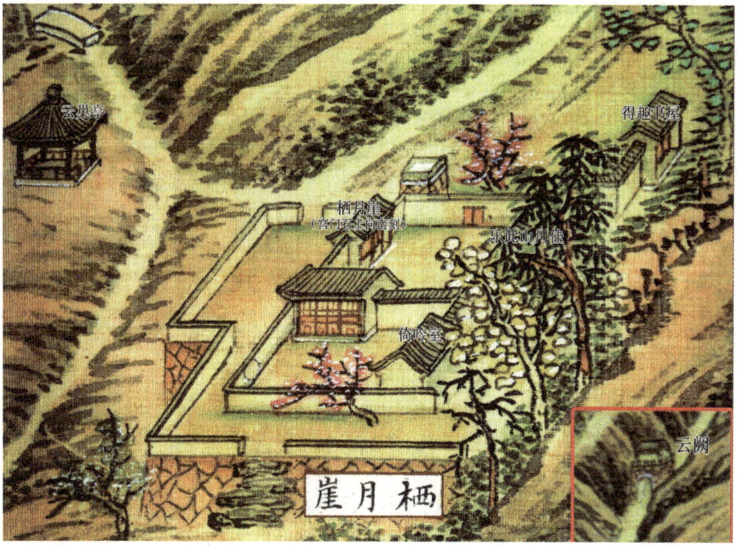

栖月崖

三楹殿堂，坐北朝南，殿外前檐悬乾隆御书“乐此山川佳”匾额。得趣书屋位于乐此山川佳殿西侧，为一座二楹建筑。其景区建筑于1860年被英法联军焚毁，民国时期被改建成私人别墅，更名栖月山庄。

乾隆十一年（1746）御制《栖月崖》诗序曰：“玉华岫之北，宛而中隆，清旷衍夷，缀以闲馆，郦道元谓岭纡曦轩，峰驻月驾，斯崖有焉。”诗文赞：“秋夕溶溶际，春宵淡淡时。亭虚全约白，崖迥半含规。隐与环中契，悬应静里知。嫦娥馀结习，到此几栖迟。”

重翠崦

重翠崦印章

位于玉华岫西北，院落中主殿三间，殿内原有：紫檀边腿香色漆心案、青绿鼓钉三足辅耳鼎、青绿双环罇、五彩磁高口罇、紫檀长方匣、菠萝漆长方案、香山九老缂丝挂屏、紫檀边座黄绢缂丝炕屏、松木搭色床等多样陈设，其外檐向东挂有黑漆金字乾隆御题“重翠崦”匾一面。院内另有配殿一座三间、方亭一座。其东侧有山泉溢出，建龙王庙一座，庙内后墙壁绘有黑龙一条，砖龛一座。因该处“岚青树碧，烟浮翠重”，故名重翠崦。1860 年被英法联军焚毁，民国时期被改建为私人别墅。2014 年按清代样式雷图纸及规制完成复建。“寿

重翠崦

康泉”水池景观及龙王庙得以恢复和保护。

乾隆十一年（1746）御制《重翠崦》诗序曰：“度栖月崖而北稍西，邃宇闲敞，岚青树碧，烟浮翠重，近拂几案间。崦字，字书所略，而唐宋人诗多用之者。疑岩岫复叠处如所谓一重一掩耳。”诗文赞：“掩映山变态，既狭欻开豁。卷幔风声飒，写槛云容活。驯鹿守翠微，幽禽下古栝。素志托清旷，遐瞩极完阔。”

玉华岫

玉华岫印章

位于芙蓉坪西南，为明代玉华寺的一组建筑。寺建于明代，由山门、天王殿、大雄宝殿组成。乾隆皇帝依山就势进行了扩建，将山门南三间歇山式殿宇题名“玉华岫”，东三间殿宇题名“皋涂精舍”（三间歇山式）、“邀月榭”（三间歇山式），而西翼有“绮望亭”（四角攒尖顶）、“溢芳轩”，设数十间游廊相连接，同时由过街概云亭与“烟霏蔚秀”（五间歇山式）庭院相连相通，趣味横生。

玉华岫院内岩壁间建有六座桂花洞窟，冬季桂树储藏其中可枝繁叶茂，如期开花，为寺中奇观，因此也是乾隆皇帝品茗赏桂之处。其院北有山泉一眼，清澈甘洌，乾隆年间始称玉华泉。据《日下旧闻考》记载：“是处有洞出泉，清泠芳润，帝京桂子冬则收育于此，它处率不能活，为西山一奇。”

乾隆十一年（1746）御制《玉华岫》诗序曰：“玉华亦古刹，而规制差隘，其高乃不减来青。辟其南为小轩，俯瞰群岫，霞举

玉华岫

云回，若拱若抱。昌黎诗：前低划开阔，烂漫堆众皱，洵工于体物。”诗文赞：“嵌隟淙甘脉，精蓝瞰回墟。棼丝成桂酒，月地本云居。激越来阶下，芬馨过雨馀。远皴将近黛，次弟入纱疏。”

乾隆三十三年（1768）作《绮望亭》诗：“京研都练虽诠妙，山色泉声总契神。骋望不因生绮思，超超只觉迥凌尘。”1860 年其景观建筑被英法联军焚毁。民国时期此处建立私人别墅，称为玉华山庄。1999 年按照清代样式雷图纸及规制进行了复建。

森玉笏

位于静宜园南侧山峦，因此处有一突兀耸立于山谷间的高大翠绿色石壁，宛如朝天玉笏，乾隆皇帝为之命名“森玉笏”，并御题于石壁间。其景区由超然堂（五间歇山式）、旷览台（三间硬山式）、碧峰馆（三间硬山式）和套方攒尖顶方胜亭组成。

森玉笏印章

超然堂殿堂五楹，北抱厦一间，因苏轼曾在胶西建有超然台，乾隆遂取超然堂之名。旷览台为三楹殿堂，明殿内向东悬乾隆御笔“旷览台”匾额。碧峰馆于乾隆年间建成。殿堂三楹，北抱厦一间，外檐向东挂粉油蓝字“碧峰馆”匾一面。胜亭于乾隆年间建成。在超然堂之上，为方胜形，仿杭州西湖小有天园之式，乾隆三十三年(1768)始有题句。森玉笏景区建筑于1860年被英法联军焚毁。现仅存遗址和“森玉笏”题刻。

森玉笏

乾隆十一年（1746）御制《森玉笏》诗序曰:“山势横峰侧岭，牝谷层岗，皴涧曲径，不以巉削峻峭为奇。而遥睇诸岭，回合交互，若宫、若霍、若岌、若峘、若峤、若岿、若屡、若巘、若重甗、嵯峨嵚崟，负异角立。积雪映之，山骨逼露。群玉峰当不是过也。”诗文赞：“回冈纷合沓，峻岭郁嵯峨。俨若千夫立，森然万玉罗。色无需藻绘，坚不受砻磨。山伯朝天阙，圭璋列几多。”

乾隆五十八年（1793）《超然堂书意》诗曰：“超然两字出东坡，世诩名谈莫与过。游内外应有分别，欲询玉局谓如何。”诗注曰：“按苏轼《超然台记》有‘游于物外’之语，读是文者莫不以为名言。然游于物外近于放意肆志。予谓当游于物内以求正心之本，则天地我心万物我心会为一体矣，曾著《反超然台记》以辟其说。兹题此堂并识诗末。”乾隆四十年（1775）作《旷览台作歌》诗曰：“旷览千古治，乱纷其旷览。四海民隐难，知旷览书史。文海无涯三事略，举其要皆瞠乎。茫若而忸怩，然则登斯台。也讵惟旷览，夫景物之清和。与山林之幽奇，蒿目恧心徒。为他人议论，资是以小立。而即去知我，罪我则任伊。”

乾隆四十八年（1783）作《碧峰馆》诗曰:“馆倚玉笏森（森玉笏为香山二十八景之一，攒簇众峰，不可构筑，其下即是馆），碧峰插天表。其下屋三间，亩平朴而窈。向东延望遥，昆明似杯小。千林未作叶，晦晴幻枝杪。滃濛忽落低，顿失画形杳。

隔云钟

隔云钟印章

位于芙蓉坪东北山脊之上，原为一四角攒尖方亭。由于地势高峻，时有雾起。每当夜幕初降，雾气升腾，星辰乍隐，恰可聆听到香山寺、碧云寺、卧佛寺、宝胜寺、法海寺、大觉寺等古刹钟声，悠扬断续，此起彼伏，颇具妙趣，故得名“隔云钟”。1860 年被英法联军焚毁，仅存亭基。1994 年建筑得以复建，恢复面积为 28 平方米。

乾隆十一年（1746）御制《隔云钟》诗序曰：“园内外幢刹交望，铃铎梵呗之声相闻。近者卧佛、法海、弘教，远者华严、慈恩。觉生最远，钟最大，即永乐中铸华严经其上者。每静夜未阑，晓

隔云钟

星欲上，云扃尚掩，霜籁先流，忽断忽续，如应如和，致足警听。”诗文赞：“不问高低寺，钟声处处同。耳根初静后，禅悦小参中。底厌筝琶响，应知水乳融。蒲牢寂亦得，大地是乘风。”

乾隆十三年（1748）御制《即事》诗曰：“飒景近三余，闲怀聊一抒。菊花依石瘦，松月上窗虚。凫鼎烹龙茗，莲檠校竹书。隔云钟度处，始悟此山居。”

见心斋

见心斋是静宜园内别垣二景之一，位于昭庙南侧，于乾隆三十四年（1769）建，并以“波光拟见心”诗句取名。他认为：圣人言“人心难见，天地心可见”，期望天地人三才中和的道学境界。其庭院仿江南风格，亭、廊、轩、榭、阁、池布置得宜，精致巧妙。乾隆时期主要景观建筑由见心斋（五间歇山式）、正凝堂（五间硬山式）、来芬阁（二层三间悬山式）、畅风楼（二层歇山式）及融神精舍、养源书屋、就松舍、云岩书屋、知鱼亭等组成。

见心斋

乾隆三十四年（1769）御制《正凝堂》诗云：“一片波当面，堪称正色凝。山池弗易致，云气以时兴。阶影涵空映，岸痕过雨增。垂堂虽不坐，对镜若同澄。”

乾隆于三十四年（1769）始有御题《来芬阁》诗，曰：“凿池中种藕，缦回围廊腰。循廊可登阁，因以来芬标。荷叶未出水，荷花知尚遥。无非得想象，走笔当解嘲。”

乾隆三十九年（1774）作《见心斋》诗曰：“一片波光拟见心，坐思此语更宜斟。万缘孰不由心见，莫漫迷头认影寻。”

见心斋庭院及建筑在清嘉庆年间得到重修，半圆形水池三面环以围廊，饰以雕梁彩画，终年不涸的泉水自龙首喷吐，环廊坐西向东三间建筑，门楣正中挂清嘉庆题“见心斋”匾，并御笔题“虚檐流水息尘襟，静觉澄明妙悟深。山鸟自啼花自落，循环无已见天心”诗意匾。

中华民国年间，见心斋被红十字医院租用。新中国成立以后，经历多次修缮保护，使见心斋这座占地5497平方米、其中水面650平方米且颇具高超造园艺术的景点得以保存至今。

宗镜大昭之庙

为静宜园别垣第二景，又称“昭庙”，始建于清乾隆四十二年（1777），于乾隆四十五年（1780）完竣、开光，是为迎接六世班禅来京向乾隆祝贺七十大寿而建，故又称班禅行宫。

宗镜大昭庙是一座藏汉混合式样的大型喇嘛庙，坐西向东，建筑布局沿中轴线，自东向西建有三门琉璃坊（坊东额曰“法源演庆”，西额曰“慧照腾辉”）、都罡殿、大白台、井字御碑亭、清净法智殿、大红台、大圆镜智殿、七层琉璃万寿塔。围绕都罡殿和清净法智殿的白台和红台均为四层楼群，昭庙琉璃牌坊、琉璃万寿塔的形状与承德外八庙须弥福寿之庙基本相同，属于姊妹建筑。都罡殿三楹，原覆镏金瓦。墙体外表用砖石修砌，壁面上有藏式梯形盲窗，上嵌琉璃制垂花门头，总体为藏式寺庙，但细部装修体现了浓郁的汉族风格。

乾隆四十五年（1780）御制《昭庙六韵》。诗曰：“昭庙缘何建，神僧来自遐。因教仿西卫（既建须弥福寿之庙于热河，复建昭庙于香山之静宜园。以班禅远来祝釐之诚可嘉，且以示我中华之兴黄教也。是日自谒陵回跸至香山落成，班禅适居此庆赞。又昭庙肖卫地古式为之，卫者番语谓中，俗谓之前藏，班禅所居后藏，乃实名藏，藏者善也），并以示中华。是日当庆落，便途礼脱阇（见楞严经注，唐语谓法幢也）。黄衣宣法雨，碧嶂散天花（是日本晴，甫至经坛乃微雨，皆以为散天花之喜云）。六度期群度，三车演妙车。雪山和震旦，一例普庥嘉。”

乾隆四十六年（1781）御制诗曰：“建兹昭庙驻班禅（见去岁诗），黄教图恒震旦宣。谁谓十旬暂东土，遂教寂灭返西天。知其无去惜为去，示此有迁原不迁。馥郁梵香升宝鼎，篆成卍字揭真诠。”

宗镜大昭之庙，第一层为藏式白台，环御碑亭为藏式白台群楼，东、西、北三面，上下四层。南、北向东建有券门两座，可

宗镜大昭之庙

至井字形御碑亭。南、北各建便门一座，可至白台内。白台外表用砖石修砌，壁面上有真假相间的藏式梯形窗子，窗头上浮嵌琉璃制垂花门头，表现了强烈的汉族风格。

宗镜大昭之庙白台东楼上为“清净法智殿”三间，明间向西设神台，上供大利盖普铜旧琍玛释迦牟尼佛一尊，随铜镀金背光座，三色片金佛衣。佛左右各供铜麻尼塔一座。殿内，南北山墙设木胎悬山，内供铜胎贤界千佛二百尊（随红漆佛号牌位二百座）。正殿外檐向西挂御笔“清净法智殿”匾一面，系蓝地四样铜字，乾隆宝。殿外檐向东挂御笔“众妙之门”，系蓝地四样铜字，乾隆宝。

清净法智殿前为八方重檐碑亭，顶为镏金铜瓦。亭内碑上用满、蒙、汉、藏四种文字恭勒乾隆四十五年御制《昭庙六韵》。

白台东楼上，北边三间。明间向西供大利益扎什琍玛绿救度佛母一尊。其他龛中供佛像三十尊，东、南、北三面墙上挂画像佛十五轴。白台东楼东北十一间，内藏经卷四十种，一百六十一套。嵌扇外东西罩内外，挂有三面墨刻填金班禅源流一堂，计十三轴。

白台北楼上，五祖殿一座，十间。正殿向南供红漆木胎供柜五张，上供楠木五屏风一座，上供大利益扎什琍玛文殊菩萨五尊。楠木二屏风四座，上供利益番造大持金刚一尊，白救度佛母一尊，绿救度佛母一尊，新利益新造无量寿佛二尊；白救度佛母四尊，绿救度佛母二尊，白文殊菩萨一尊。供柜前设红漆供案五张，上供利益新造无量寿佛五尊，随金漆木胎莲花托座五件。殿内东、西、北三面墙上挂画像佛二十七轴。

白台北楼上，御座房七间，内设佛龛，供佛三十一尊，东、西、北三面墙上挂画像佛二十一轴。靠楼口二间，内贴御笔字对二副，字画四幅。西北五间，内向西设龛案，供佛像二十六尊，内罩东、西、北三面墙上挂画像佛十五轴。

白台顶层北边平台房一间，并东北角平台房一间。明间内向南设紫檀供桌一张，上供白檀旃檀佛一尊。佛左右设六方龛二座，内供利益番铜琍玛无量寿佛、利益新造无量寿佛各一尊，内东、西、北三面墙上挂释迦牟尼佛十八罗汉、四天王一堂，十九轴。

白台东楼上南边三间，明间向西设铜掐丝珐琅龙花树一座。内供利益新造绿救度佛母九尊。其他龛中供佛二十八尊，东、南、北三面墙上挂画像佛十五轴。东楼上东南三间，内藏经卷三十种，一百二十五套。嵌扇内外，东、西、南墙上挂墨刻班禅源流一堂，计十三轴。

白台南楼上，五祖殿十间。向北供红漆木胎供柜五张，中供楠木五屏风五座，上供利益番造文殊菩萨四尊，吉祥圆满救度佛母一尊，手持金刚菩萨二尊，弥勒菩萨三尊，白救度佛母五尊。金刚菩萨五尊，绿救度佛母四尊，观世音菩萨一尊。供柜前设红漆供案五张，上供利益新造无量寿佛五尊（随金漆木胎莲花托座五件）。殿内东、南、西三面墙上挂画像佛二十七轴。

白台南楼上，御座房七间。内向北设龛，供佛像二十七尊。罩内东、西、南三面墙上挂画像佛十五轴。白台南楼上，靠楼口二间，南一间向北设紫檀嵌鸿鶒木三屏宝椅一张。内贴字画三张。

白台南楼上，西南角五间。内南三间中间地设紫檀厢珐琅四出轩供柜一张，龛中供利益新造无量寿佛九尊。东间向西设紫檀供桌一张，上供彩漆镶玻璃门葫芦龛一座，上供利益木胎无量寿佛四十五尊。其他龛中供佛像十二尊。西间向东设紫檀供桌二张，桌上供紫檀镶玻璃门葫芦龛一座，内供利益新造无量寿佛九尊，左右供八大菩萨八尊；罩内东、西、南三面墙上挂画像佛十五轴。

白台顶层南平台房一间，内设紫檀供桌一张，上供紫檀六方龛二座，龛中供大利益绿度佛母二尊。内南墙上挂墨刻填金七佛偈一堂，计七轴。

白台东楼下，北丁字券计六间，内安钦定历代纪事年表二套，墙上贴臣工字画九张。南门斗上贴乾隆御笔“天葩”字一张。

白台东楼下班禅住宿处，计六间。明三间南间向北安摆陈设。暗三间，向西安摆陈设（详见附录）。北间罩内靠北墙设紫檀琴桌一张，上供金班禅额尔德尼佛像一尊。北墙上挂班禅额尔德尼画像一轴。白台东楼下住宿处北边二间，东一间靠东墙设供柜一张，上供大利益梵铜琍玛弥勒菩萨一尊，其他龛中供佛七尊。东、南、北三面墙上挂画像佛一堂，计九轴。

白台东楼下，东北角计二间。北间向南设神台，上供磁释迦牟尼佛一尊，其他龛中供佛十二尊。南北间周围墙上挂画像佛十八轴，随六字真言对一副。

白台北楼下罗汉源流悬山房十二间，东西间横楣上挂紫檀画玻璃灯六对，中供紫檀七层塔一座，塔中供铜胎无量寿佛五百二十八尊。

白台北楼下，御座房四间。内东二间，南一间向东设紫檀五屏宝椅一张，西墙上贴御笔字条对一副，门口左右挂紫檀边嵌玉挂屏一对，东墙上贴墨刻兰亭图一张。西二间一间向北安摆陈设，内龛中供佛像九尊。

宗镜大昭之庙第二层为藏式红台，正中建有都罡殿，上镏金覆铜瓦。殿外檐向东挂御笔“宗镜大昭之庙”匾一面，系蓝地四样铜字，乾隆宝。殿中向东供白檀旃檀佛一尊，殿中其他龛中供佛像五十二尊。群楼上下四层。红台顶层东面有大圆镜智殿，一座三间，内供佛像十四尊。东西山墙设木股悬山，内供铜胎贤界千佛二百尊，殿外檐向北挂“平等性智殿”匾一面，系蓝地四样铜字，乾隆宝。

红台顶层西为“妙观察智殿”一座，三间殿内供佛七尊，南北山墙设木胎悬山，内供铜胎贤界千佛二百尊，随红漆佛号牌位二百座。正殿外檐向东挂“妙观察智殿”匾一面，系蓝地四样铜字，乾隆宝。

红台顶层北面为“成所作智殿”一座，三间。殿内供佛七尊。东西山墙设木胎悬山，内供铜胎贤界千佛二百尊，随红漆佛号牌位二百座。正殿外檐向南挂“成所作智殿”匾一面，蓝地四样铜字，乾隆宝。

红台顶层西北角平台一座三间，红漆供桌上向东供利益番铜琍玛绿救度佛母一尊，西墙上挂画像佛九轴。红台顶层东南角平台房一座三间，红漆供桌上向东供大利益扎什琍玛救度佛母一尊，随金漆木胎莲花托座；正间内东墙上挂画像佛九轴。红台顶层东北角平台房一座三间，红漆木胎供柜向西供大利益扎什琍玛绿救度佛母一尊，随金漆木胎莲花托座一件；明间内东墙上挂画像佛九轴。红台顶层西南角平台房一座三间，红漆供桌上向东供利益紫金琍玛白救度佛母一尊；西墙上挂五色锦欢门幡一堂。

红台下层群楼一百四十四间，西面中间向东供利益无量寿佛一尊、大利益铜旧琍玛文殊菩萨二尊、绿救度佛母一尊、弥勒菩萨一尊。

红台二层群楼一百四十四间。西间向东供利益番铜琍玛无量寿佛一尊，其他龛中供佛三十七尊，墙上挂画像佛六轴。东面向西供狮吼文殊菩萨一尊，其他四方龛内供佛十九尊，墙上挂画像佛六轴。周围墙上设木胎悬山，内供铜胎无量寿佛三千八百六十尊。

红台三层群楼一百四十四间。西面向东供利益番造阴体秘密佛一尊。两边供楠木三屏风二座，上供利益番铜琍玛释迦牟尼佛一尊，无量寿佛二尊，大利益番铜旧琍玛阿弥陀佛一尊，释迦牟尼佛一尊。其他龛中供佛像二十二尊。墙上挂画像佛六轴。北面向南供利益番造狮吼文殊菩萨一尊，两边供紫檀三屏风二座，上供利益番造铜琍玛释迦牟尼佛一尊，无量寿佛二尊，绿救度佛母二尊，大利益番铜旧琍玛无量寿佛一尊，随金片佛衣六件。其他龛中供佛四十三尊。墙上挂画像佛六轴。东面神台向西供利益新造无量寿佛九尊，其他龛中供佛像四十三尊。墙上挂画像佛六轴。南面神台向北供利益新造无量寿佛一尊，尊胜佛一尊，白台上供药王佛一尊。其他龛中供佛像七十一尊。墙上挂画像佛六轴。周围四面挂紫檀画片玻璃灯四十七对。周围墙上设木胎悬山，内供铜胎无量寿佛三千四百二十八尊。

（以上陈设均选自第一历史档案馆所藏，嘉庆三年《宗镜大昭之庙陈设册》，以反映其格局和风貌。）

宗镜大昭之庙于1860年被英法联军焚毁，仅存琉璃牌坊，四个幡杆石座，白台、红台基础，御碑一座（碑亭已毁，基础尚存），七层琉璃塔一座。

1912年冬，马良等人在香山开办静宜女校，隆裕太后拨资，园中见心斋、梯云山馆、昭庙等处得到修葺。1920年，香山慈幼院落成以后，熊希龄夫人朱其慧领衔在昭庙之地开办了“红十字会”分会。

1948年底，中共中央自西柏坡迁入香山，昭庙之地为中共中央秘书处利用，延至1956年以后，昭庙之地的房屋被北京医院利用，作为司局级以上干部的疗养所。1964年，香山公园投资5万余元修葺昭庙房屋，工程自6月3日开工，于当年9月

宗镜大昭之庙

24日完工。1966年5月31日，香山公园将昭庙房屋租给外文学校。1975年10月，香山公园维修昭庙房屋，工期10个月，投资9万元。自1978年成立香山别墅至1989年，昭庙之房屋主要用作国内会议用房。1990年起该处房屋为面人彭租用。2011年旧建筑被拆除，启动复建前期的准备工作。2015年完成遗址考古。2016年完成项目申报立项工作，复建在即。

附：昭庙开光乾隆皇帝赏班禅额尔德尼及随行人员物品

乾隆四十五年（1780）九月十九日，昭庙开光，乾隆皇帝赏赐班禅额尔德尼及随行人员，详情如下。

一、赏班禅额尔德尼

绣金龙袍料一匹、内缂系袍料一件；

蟒缎二匹、妆缎二匹；

大卷八系缎二匹、小卷八系缎三匹；

大荷包一对、小荷包十个。

二、赏章嘉胡图克图

绣金龙袍料一件、内交缂系袍料一件；

蟒缎一匹、妆缎一匹；

大卷八系缎一匹、小卷八系缎三匹；

大荷包一对、小荷包十个。

三、赏敏卓尔胡图克图

内交戳纱龙袍料一件。

四、赏仲巴胡图克图

内交绣缎龙袍料一件。

五、赏堪卜桑乔鄂忒雒尔

内交绣缎龙袍料一件。

六、赏章嘉胡图克图、敏卓尔胡图克图、堪卜桑乔鄂忒雒儿三人每人

龙袍料一件、妆缎一匹；

小卷八系缎一匹、小卷五系缎一匹；

大荷包一对、小荷包六个。

七、赏喇果胡图克图

内系织黄缎龙袍料一件。

八、赏岁琫堪卜

内交织黄织龙袍料一件。

九、赏喇果胡图克图、岁琫堪卜二人每人

蟒袍料一件、小卷八系缎一匹；

小卷五系缎一匹、小荷包六个。

十、赏颜嘉胡图克图、堪卜扎克、巴州达尔扎萨克喇嘛四名、班禅额尔德尼之徒弟兰占等十二人共十九人

每人蟒缎一匹、小卷五系缎一匹、小荷包四个。

十一、赏念谶喇嘛三名、达赖喇嘛五名

每人蟒缎一匹、小卷五系缎一匹、小荷包四个。

十二、赏班禅额尔德尼之喇嘛十九人

每人小卷八系缎一匹、小卷五系缎一匹。

十三、赏副达喇嘛二名、藴扎喇嘛三名共五人

每人小卷五系缎二匹。

带水屏山

位于中宫东侧，建于乾隆二十七年（1762）。原景观为一庭院，由对瀑、山阳一曲精庐、得一书屋、净凉亭、琢情之阁、怀风楼等建筑组成，这里依山傍水，视野开阔，松柏林立，清幽异常，乾隆皇帝每至香山常驻足此庭院，欣赏对瀑景观，并为此院留下

很多诗作。1860 年景观被英法联军焚毁。

中华民国时期慈幼院将原有的一方小池开辟为女校游泳池，1958 年香山公园将其改名为静翠湖。1991 年按清代做法复建了对瀑亭，拓宽了湖面。

乾隆三十三年（1768）御制《对瀑》诗曰:“架壑梯峦引流水，到斯数仞落岩隈。适从知乐濠边立，知自淙淙脚底来。”

乾隆三十三年（1768）御制《净凉亭》诗曰：“山中多流泉，惜是难为贮。方塘斯已成,况有亭四柱。净披明镜光,凉纳轻纨缕。缨足两无濯，沧浪忘弃取。”

乾隆三十三年（1768）御制《得一书屋戏题》诗曰：“世间万物及万理,皆有对待无单行。曰天曰地曰空色,是非善恶实与名。谓得谓一已成两，是谓未识清和宁。然则书屋亦妄谓，去道远矣何由贞。”

乾隆三十三年（1768）御制《山阳一曲精庐》诗曰：“精炉一曲构山阳,窈窕而深委宛藏。临下又堪供望远,个中谁得易相方。闲云写出二间栋，落瀑流成半亩塘。曰水曰山真萃景，片时消受小年长。”

乾隆三十三年（1768）御制《琢情之阁》诗曰:“吾闻宣尼言，性近习相远。习而发为情,是宜返其本。倏忽凿混沌,匪爱乃成损。斯阁题琢情，寸长尺喻短。终当去安排，于焉契倪管。”

乾隆四十四年（1779）御制《怀风楼》诗曰：“崇山曲抱原，楼复构原曲。应为风不到,时亦有风属。怀风因此名,常披清以穆。谡涛或泛松,泠籁或吟竹。是皆楼所得,我亦会心独。怀哉古人风，二典三谟读。”

知时亭

位于绿云舫西侧，原为三层六角亭，设有隔扇及槛窗，亭顶设有铜制风旗，亭内原陈设自鸣钟。其东北方向有一巨石横卧，上刻“知时”二字，为乾隆皇帝御笔，有圣王要顺应形势，静守待时，不要徒劳妄动之意。1860 年被英法联军焚毁。经遗址考古，柱顶石、阶条石、埋头石、地面方砖及槛墙砖、虎皮石台帮、卵石散水及自然石台阶形制明确。

知时亭（模型）

著名景观

香山静宜园于清咸丰十年（1860）九月初九、初十（10月18、19日）惨遭英法联军劫掠和焚毁，历经150余年的不断建设，其生态环境得到较好的保护，大部分景观得到修葺，现已成为中外闻名的一座世界名山。

十八盘

始建于明代成化年间（1465—1488），是和洪光寺一同修建的一条直通洪光寺北门的石板路，自古就有九曲十八盘之说，明文征明用“行人九折云中坂，来结三生物外缘”的句子说明要到洪光寺需经九曲盘山路。正德时人陈沂用“九盘石蹬上招提，路出嵋崎见古题。极目风烟双树回，回头楼阁万峰低。闲花开落青春暮，细水从容白日西。竹树渐多尘渐远，幽并端自足山溪”的诗句描述了十八盘至洪光寺沿途的秀丽景色。在十八盘的周围，

十八盘

遍植松柏，朱彝尊的“香山十八盘，盘盘种松柏”的诗句描述其周边的植物景观。乾隆在御制《霞标磴》诗序中曰：“累石为磴，凡九曲，历十八盘而上，仿佛李思训、王维画蜀山栈道。山势耸拔，取径以纡而得夷。非五回之岭，九折之坂崭绝而不可上者比也。”把十八盘比作蜀山栈道一样壮观，加上周围山势耸拔秀丽，五回之岭和九折之坂，尽显曲径萦回之美。1985 年，香山公园对十八盘旧路按原做法进行整修，使这条山路变得更为平坦、舒适，与路两旁的古松柏相融，景观古朴独特。

重阳阁

重阳阁是香炉峰顶的一组建筑，原名伴霞阁，后改名重阳阁，意在九九重阳登高瞩望京城。重阳阁建于 1983 年 4 月，时任中共中央总书记的胡耀邦到香山乘坐索道到达山顶，观看了山景后指示：“山上应建大一点的房子。”8 月，市委书记段君毅来园也提出“要把香炉峰山顶尽快地建设起来，更好地为游人、外宾服务”的意见。1984 年初，香山公园做了新建伴霞阁及配套工程的具体方案，并委托北京市园林设计所进行设计。香山公园积极筹备，1985 年 8 月开工，1986 年 11 月建成仿古形式的二层重阳阁和游廊、管理用房等。

复建的重阳阁分为上、下两层。上层为歇山式木结构、屋顶

重阳阁

青筒瓦，下层为封闭式厅堂混合结构，彩画均为清油加金边。重阳阁全部工程竣工面积 623 平方米，工程投资 89 万元。

西山晴雪碑

西山晴雪碑

西山晴雪碑是香山公园的一处独特景观，位于梯云山馆之西，万林之中可见乾隆御制西山晴雪碑。这个具有近 800 年历史被称为“燕京八景”之一的名胜，最早见于金明昌“燕山八景”，当时被称为“西山积雪”，是泛指西山一带。元代时改名为“西山晴雪”，明代又改为“西山霁雪”，直到清乾隆十六年（1751）定“燕京八景”之名时，又取用了“西山晴雪”之名，并确定在香山静宜园内立碑。每当雪后初晴，从其地凭高临远，近山远林，积雪凝素，倍觉壮观，乾隆曾用“银屏重叠湛虚明，朗朗峰头对帝京。万壑晶光迎晓日，千林琼屑映朝晴。寒凝涧口泉犹冻，冷逼枝头鸟不鸣。只有山僧颇自在，竹炉茗碗伴清高”一诗描述了“西山晴雪”的宏大境界。1984 年香山公园对西山晴雪碑进行重新整修并安装了汉白玉栏杆。

璎珞岩

位于翠微亭北侧。璎珞岩，并非天然云岩，是由人工叠成山石，产自西山的青云石片。其石质为青褐色，古朴清秀，依山势叠落，

璎珞岩

叠石如扆似屏，蹬道蜿蜒，气势宏伟。其水源来自双清泉，泉水漫流山石间，泉声宛似水乐，其泉水向下连通着曲水流觞和带水屏山景观。

璎珞岩之地树木茂密，苔青石绿，清幽雅致，景致奇丽，是香山听泉、观景、静心、洗尘的最佳之地。1982 年在原基础上修复了四柱“清音亭”及三间歇山敞亭式建筑“绿筠深处”。

栖月山庄

原名栖月崖，位于玉华山庄之西北，是静宜园二十八景之一。中华民国年间为周伯武别墅，改名为栖月山庄，建仰瓦灰梗顶砖石结构平房 20 间。1958 年和 1986 年先后两次进行了全部修整，保存了其旧貌，同时又修整了混凝土现浇，中间夹 1 米宽石板碎拼道路。2015 年 12 月，按照清代样式雷图纸及规制完成复建。

栖月山庄

知松园

知松园

位于园内南北主要游览干道西侧，占地 2 公顷，与听雪轩、来秋亭、蒙养园为邻，为 1989 年新辟建景区。景区内有一、二级古松柏 100 余株。在景区之东侧原有 1.5 米高“知松园”石刻一块，因石体小，与高大挺拔粗壮的古松柏不相协调，1993 年公园拆掉原“知松园”石刻，将宽 1.5 米、长 2.5 米、高 5.5 米、重 50 余吨的紫褐色巨石自芙蓉馆下侧移至知松园景区，并做钢筋混凝土基础，在巨石的正面书直径 0.8 米“知松园”三个大字，石背面刻陈毅诗：“大雪压青松，青松挺且直，要知松高洁，待到雪化时。”“知松”取意于《论语·子罕》:“岁寒然后知松柏而后凋也。”该园的辟建，不仅与其周围环境共生秀色，而且与昭庙琉璃塔、香炉峰等景致形成因借。

佳日园

佳日园位于眼镜湖南侧，占地 8000 平方米，为 1991 年 3 月至 1993 年 9 月新辟景区。1990 年为拍摄电视剧《唐明皇》，剧组在现佳日亭处建道具亭一座，与周围景致极为协调，游客至此多喜驻足留影。1991 年，北京市政管委有关领导到香山，见

佳日园

此情景提出两条建议：一是将该道具亭改建为真亭；二是在其南部栽植银杏、菊花、碧桃等植物，突出春秋色彩。根据市政管委有关领导意见，公园于当年做出景区规划，并取名“春秋园”，后经北京市政府园林顾问组建议，将该处命名为“佳日园”。

1991 年 3 月工程开工，将原核桃沟铺装水泥管，并覆土填沟。1992 年初伐除景区内核桃、刺槐、花椒等杂木，在保留原有水杉、榆叶梅、海州常山、雪柳、月季的基础上，植种油松 3 株、银杏 11 株、圆柏 28 株、椴树 4 株、碧桃 4 株、紫叶李 28 株、白皮松 2 株。1993 年进一步改善景区环境，补种植物 50 余株，播种草坪 6000 平方米。拆道具亭，建造十字歇山顶“佳日亭”一座，建筑面积 69.4 平方米，工程耗资 38 万元。

眼镜湖

位于公园北门内见心斋之东，亦称饮鹿池，中华民国时期改建。因其由两水池构成，形似眼镜，故有“眼镜河”之称。流泉引碧云寺卓锡泉，长年不涸。1959 年西山风景区管理处对眼镜河进行疏竣，之后改称眼镜湖。

眼镜湖由两个圆形小池组成、一架单孔石桥横跨南北，湖之北侧依山叠石砌成石洞，上引卓锡之泉形成“水帘洞”之瀑布景观。1989 年公园又对湖区改造，提高湖面水位，降低湖周围路面，

眼镜湖

拆改原花墙池岸为自然山石池岸，使其更加名副其实，成为人们游览小憩、观光赏景的最佳去处。

静翠湖

其前身为香山静宜园时期的“带水屏山”，1957年，借庭院中旧池，拆除残基，清挖为湖；复借清代香山至玉泉引水古石渠，修治围岸，铺路植柳。鉴于境开堂坳，别具清幽，寂照湖山，愈添苍翠，取名“静翠湖”。

1991年2月9日，重新修葺静翠湖，采取了“古今之名兼用，新旧之工并举”之策，既现带水屏山之华，又增静翠湖景之色，复建了对瀑亭，重叠带水之山，亭畔立石摹镌乾隆御制诗。拆旧坡岸后，西以青石缀砌，与带水之山相应；东南缓其坡，使山水相连；北依旧岸设观鱼台，取南华秋水之意。又调植了树木，使西现乔松，南纳红叶，东接远岫，北映翠柏。春末桃柳相映、花红柳绿，夏日碧水蓝天、万木青翠，秋时绿树红叶、层林尽染，冬至积雪鳞耀、松柏常青。

静翠湖

香山名亭

亭，是中国建筑中一种特殊形式，供人休憩观景，可眺望，可观赏，可休息，可娱乐。香山的名亭在园林空间上实现了因山就势、景情交融，空间独立、布局灵活，体现了“见山构亭”原则，立山巅、枕清流、临涧壑、傍岩壁、藏幽林，囊括了三角亭、方亭、矩形亭、六角亭、八角亭、圆亭、套方亭等形式，或单檐、或重檐、或攒尖、或盖顶、或歇山，攒尖高耸，檐宇如飞，变化多样，景域优美，生动空灵。

绿筠深处

位于璎珞岩之西，1984 年 7 月，此处恢复了大、小敞厅两座，建筑面积为 65 平方米。1986 年公园补题“绿筠深处”“清音”两块匾额，并向东悬挂于敞厅上。此处为听泉、观泉、赏景的好地方。

璎珞岩、清音、绿筠深处

望峰亭

位于听雪轩东侧，建于 1980 年，四角飞翼，面积为 16 平方米。因立于此处可仰视香山的最高峰，故得名“望峰亭”。其匾由香山公园魏世凯题写。

多云亭

位于望峰亭正西土山顶端，原为封闭亭宇。建于清乾隆十年

多云亭

（1745），亭外檐向东挂“多云亭”匾一面，为粉底蓝字乾隆宝。该亭 1968 年进行落地翻修，改为八角瓦顶，建筑面积 75 平方米。此处视野开阔，可远眺昆明湖、玉泉山之景。

阆风亭

在雨香馆通往森玉笏的道路旁临崖处，建于中华民国时期，原为草亭，石板瓦顶，面积 18.5 平方米。1985 年改建成四角重檐亭，建筑面积 45 平方米。此亭点缀在苍松翠柏之间，甚是秀丽。

阆风亭

森玉笏亭

在森玉笏的峭崖之巅，蹬二百余级台阶方可到达。此亭为八角风景亭，建筑面积 17.4 平方米，建于 1984 年，是近观红叶的最佳之地，鸟瞰视野更为宽阔。

森玉笏亭

朝阳洞亭

朝阳洞亭

在晞阳阿遗址之上。建于 1984 年，为四角风景亭。建筑面积 11.4 平方米。此处尚存“朝阳洞”刻石。

白松亭

白松亭

在原唳霜皋遗址南端，为六柱圆顶风景亭，建于中华民国年间，面积 26.8 平方米。此处有 11 株白皮松，十分秀美，故得名为白松亭。

栖月亭

栖月亭

在栖月山庄内，因“栖月崖”而得名，建于中华民国年间。1949年后几经修缮，1986年进行了全部修护。此亭为四角风景亭，建筑面积11.5平方米。

双清红亭

在双清别墅内，建于中华民国时期。1949年3月25日，中

双清红亭

共中央书记处驻进香山，毛泽东主席就住在双清别墅，曾在亭下阅读《南京解放》号外，因此，双清红亭也是革命的象征。此亭为六角风景亭，临池而建，建筑面积 15 平方米。红亭历经保护修缮保存至今。1986 年起已将此处辟为游览区，供游人参观。

看云起亭

在驯鹿坡东面山顶之上，始建于清乾隆十年（1745）。亭名源于唐王维诗句“行至水穷处，坐看云起时”。1860 年被毁，中华民国期间又经复建，但因失于管理而湮没。现存看云起亭建于

看云起亭

1982年，为木结构四角风景亭，建筑面积为12.6平方米。

多景亭

在玉华岫的西面山坡上，建于中华民国时期。为四角木结构风景亭，建筑面积为20.3平方米。立于亭中，可眺望山四周的风景。

知鱼亭

在见心斋内，临池而造，建于清嘉庆年间。四角飞檐，建筑面积为 21.1 平方米，亭名源于《庄子·秋水篇》中“临渊羡鱼翔之乐”的典故。站在亭中可眺望远山之美景，近可观览楼、阁、水榭及一池绿水。池中荷花点点，锦鲤成群，引人遐思。

知鱼亭

觐憩亭

在宗镜大昭之庙东侧土山上，建于 1984 年，为四角攒尖顶，柱高 2.5 米，建筑面积 12 平方米。该亭与 1984 年昭庙的其他建筑工程合计耗资 4.8 万元。站在该亭可饱览昭庙、眼镜湖、索道等景观。

半山亭

在香山寺北端（原观音阁遗址处），建于 1931 年，为木结构四角风景亭，建筑面积为 21.2 平方米。站立亭中可鸟瞰驯鹿坡及南山红叶壮观的景致。

重翠亭

在玉华院内，为四角风景亭，建筑面积为 11.5 平方米。建于中华民国年间，因建在重翠崦遗址上而得名。

重翠亭

佳日亭

位于眼镜湖南侧，建于 1992 年。建筑面积为 69.4 平方米，为十字重檐亭，下层十字歇山式、上层为方形攒尖结构，采用清式做法，苏式彩画。

佳日亭

来秋亭

位于松林餐厅南侧，依山而建。借山坡红叶、知松园松柏取

来秋亭

名“来秋”，并以“明月松间照，清泉石上流”为联，亭周缀山石。建于 1990 年 1 月，7 月竣工。该亭为四角方亭，高 2.65 米，面积为 10.66 平方米，匾为黑地绿字。

踏云亭

在香炉峰顶北侧山包上，1992 年 3 月修缮索道上站时，为改善景区环境，建十字歇山式亭子一座，建筑面积 67.4 平方米，1993 年 11 月完工。

踏云亭

紫烟亭

位于香炉峰顶南侧山包上，1992 年 3 月开工，11 月完工。该亭为圆形，面积 27.3 平方米。寓借李白“日照香炉生紫烟”诗句之意，取名“紫烟亭”。

对瀑亭

在静翠湖畔，面积 53 平方米，为单檐歇山式敞厅，1991 年

对瀑亭

2 月复建工程开工，9 月竣工，由园林古建公司承做。“对瀑”二字为黑地金字，仿乾隆御笔。

翠微亭

在静翠湖西侧，现亭于 1992 年复建，为八角单檐攒尖顶，建筑面积 47 平方米，柱高 3.9 米，亭高 9.1 米，工程耗资 15 万元，由园林古建公司施工。

翠微亭

隔云钟

在昭庙之琉璃塔西，原亭毁没年代不详，现亭于 1994 年 8 月由香山公园组织完成复建。该建筑为四角攒尖方亭，采用清式做法，苏式彩画。面积为 28 平方米，耗资 15 万元。

隔云钟

蚂螂亭

位于山顶和顺门东侧，为四柱攒尖式敞亭，其亭立于山崖之上，视野开阔。建造年代不详，民国时期记载为蚂螂，现存遗址。

湮没古亭一览表

亭名	简况
流憩亭	在香山寺上端。明代时曰“流憩”。《潇碧堂集》中记：“下视寺垣如坠深壑，望远山如白玉块，疑即桑干河也。”清初湮没，已无考。
飞泉亭	无考。
望都亭	亭在香山寺后，始建明初，初名曰“望京”，万历时改名曰“望都”。立于亭中俯视来青轩，极为清晰。清初湮没，已无考。
寒泉亭	明《长安客话》中有载。明末此亭湮没，无考。
碧照亭	洗心亭南侧假山之山上原有亭，清乾隆年间御题曰“碧照”。后来湮没，原因、年代不详。
翠微亭	璎珞岩东南，山路旁有亭，为静宜园二十八景之一。始建于清乾隆十年（1745），弘历题曰“翠微亭”。并于乾隆十一年（1746）赋诗一首。此亭于1860年被英法联军焚毁。
钟亭	在玉乳泉右下侧，建于清乾隆年间，于1860年被英法联军焚毁。
看云起	在驯鹿坡之东山冈之巅、取“坐看云起时”之意，建于清乾隆年间，于1860年被英法联军焚毁。
青未了	在带水屏山南面山顶之上，取杜甫《望岳》诗意，为静宜园二十八景之一，建于清乾隆年间，于1860年被英法联军焚毁。

（续表）

亭名	简况
绚秋林	在雨香馆之东南，为十字形亭轩建筑，始建于清乾隆十年，原亭内向北挂黑漆金字御意匾一面，亭外檐向北挂“绚秋林”匾一面，为大理石心、红字，乾隆宝。于1860年被英法联军焚毁。
揽秀亭	在雨香馆西北处，原门口上向南刻“揽秀”，为绿字、乾隆宝。于1860年被英法联军焚毁。
鹦集崖	重檐，位置待考，亭子外檐向东挂“鹦集崖”匾对，为盛京石地花梨边红字，乾隆宝。于1860年被英法联军焚毁。
致佳亭	在玉乳泉处有小亭一座，原亭内向东挂御笔粉油蓝字诗意匾一面，亭外檐向东挂“致佳亭”匾一面，粉油蓝字，乾隆宝。于1860年被英法联军焚毁。
多云亭	在丽瞩楼北侧，为封闭式八柱亭，原亭外檐向东挂“多云亭”匾一面，系粉油蓝字，乾隆宝。
千佛亭	洪光寺内光明三昧千佛亭一座，内供千佛绕毗卢佛像，始建于明成化初年。原亭外檐向东挂“光明三昧”匾一面，紫地蓝字，康熙宝。于1860年被英法联军焚毁。
日夕佳	在清寄轩东原有方亭一座，亭外檐向北挂“日夕佳”匾一面，粉油蓝字，乾隆宝。于1860年被英法联军焚毁。
思源亭	在现松林餐厅正门北侧，为双坡顶八角风景亭，建筑面积为31.2平方米。始建于1921年，熊希龄取“饮水思源”之意而题亭名。1949年4月中共中央书记处毛泽东、刘少奇、朱德、周恩来、任弼时等人曾在此召开军团级以上的干部会议，讨论南下计划。此亭后来失于管理，1978年被清除地基，平整为绿地。

古迹遗踪

中华民国时期是香山发展的特殊阶段，诸多景观成为遗址，但其园林环境和四季风景依然秀美，气候宜人，仍是京郊游览避暑之胜地，登山骋怀、追寻古迹、寄予幽情，成为那个时代的历史记忆。

炼丹井

位于古香山寺附近，相传为仙人炼丹之所。或云仙人即葛稚川，故称之为葛稚川炼丹之井。葛洪（284—363），西晋思想家、医药学家、道教理论家、炼丹术家。字稚川，自号抱朴子，丹杨句容（今江苏句容）人。葛玄从孙。少好神仙导养之法，从葛玄的弟子郑隐受炼丹术。所著《抱朴子》一书，对医学、化学有一定贡献，是研究中国古代炼丹史的重要著作。丹井之址，在明代尚存。当时，香山寺僧用石砌为二个池子，洑流于寺前汇为一池，池中畜金鱼数十头，以供观赏。《宛署杂记》中记载："又洑流达山麓，汇于小石盘，螭口授受，装点甚奇。"

妙高堂

位于香山寺北侧，始建于盛唐时期。据《宛署杂记》中载曰："在宛平县西四十里香山寺右。唐以来有之，即今（明代）东方丈是也。"曾有元代无名氏诗赞道："寺僧直上妙高堂，踏破松花屐齿香。石壁烟霞侵客座，瓮窗花木照禅床。九天图画开屏障，万壑风涛落院墙。心远地偏成坐久，不知云气湿衣裳。"

祭星台

位于古香山寺前，为金章宗祭星之所。元代为香山八景之一。明代尚存小亭一座。元代曾有无名氏赋诗一首。

松顶明珠

为唐植古松，明代尚存。元代有无名氏赋诗一首。

护驾松

相传金章宗游幸香山，曾于此失足，得松护之，即封为护驾松。元代有无名氏赋诗一首。

金界香莲寺

位于现在香山饭店内、山根之处。相传寺中植有五色莲花。明代尚存遗址，后改为丁内相寿地。元代曾有无名氏赋诗一首。

仁王佛阁寺

位于古香山寺后最高处，为辽时游玩之所。据《宛署杂记》中载："在后山最高处。"明代尚存遗址。元代有无名氏赋诗一首。

梦感泉

梦感泉在蟾蜍峰下。据《南濠集》中记载曰："金章宗猎至其地，梦矢发泉涌，旦起掘地，果得泉。其后僧以泉浅浚之，遂隐。"

辽王坟

辽王坟在双清西南向坡上，又名永安陵。据《辽史》记载："耶律淳者，世号为北辽。兴宗第四孙。保大二年（1122），天祚帝入夹山，奚王回离保林牙，耶律大石（达什）等引唐灵武故事，议立淳即位，百官上号天赐皇帝，改保大二年为建福元年，后寻病死。百官伪谥曰孝章皇帝，庙号宣宗。葬燕西香山永安寺。"据田树藩的《西山名胜记》中载曰："为二丈长一丈宽之三石洞。"现洞址已不存，无考证。

望都亭

望都亭在香山寺后，俯视来青轩。初名为"望京"。万历十四年（1586）丙戌，驾幸香山，改为"望都亭"。大书"望都亭"三字，赐之。其址清朝初期尚存。

荷花池

荷花池在碧云寺卓锡泉之前，有一小亭，前为一池，畜泉水，布莲其中。沿池松柏年久，状如虬龙，若攫若飞。每至岁夏，泉水流溢，荷花盛开，上下云烟，如坐天上。为明代一大胜景。万历十四年（1586）丙戌，驾幸至此，十分喜爱此景，为其书曰："水天一色，苍松古柏"八个大字。

观音阁

由香山饭店折而东，经无量殿及来青轩遗址，至一过街门楼，门上一亭，曰半山亭。乃就香山寺旧观音阁改建而成，为一茅亭。远眺万寿山昆明湖玉泉山风景历历在目。

玉乳泉

玉乳泉在芙蓉坪之西。此处松柏茂密，建筑已废，遗址旁有一大石窟，中有水常满，任人汲用，取之不竭。1920 年，泉尚盈窟，汲者不绝。但到了 1934 年，泉已经干涸。2010 年公园修复了景观，疏通了泉源。

洪光寺

洪光寺位于香山永安寺右上端，殿宇原为朝鲜式建筑风格，为明代成化元年(1465)太监郑同始建。郑同原籍朝鲜(时称高丽)，宣德中遣入中国，得侍明宣宗朱瞻基。后复使高丽，至金刚山见千佛绕毗卢佛殿威武雄壮，思乡之情油然而生，回到中国后，于成化年间在香山永安寺北侧仿毗卢圆殿之势营造，供奉毗卢遮那佛。表里千佛，各座金莲，精工宏丽。殿宇规模完整宏丽，有牌楼、鼓楼、钟楼、冥王殿、重檐琉璃“千佛亭”、“香岩净域”殿、观音殿、“香岩室”楼等建筑。郑同自撰碑文立碑于寺内，寺名“洪光寺”。

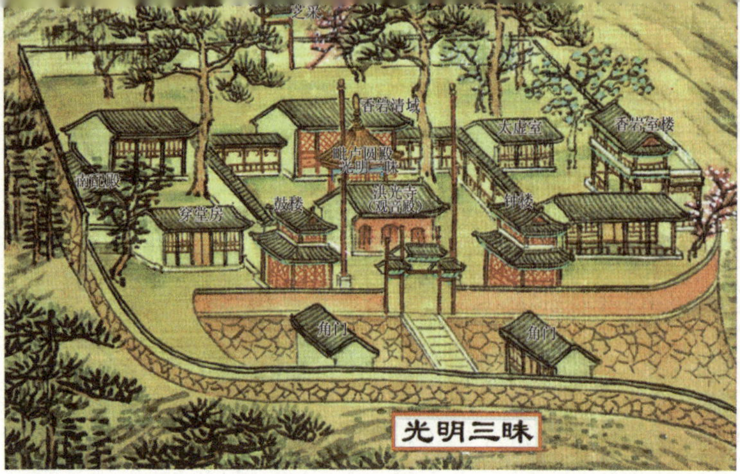

洪光寺

山门内松径作盘，最为幽胜。明王衡记曰 :“……洪光寺，入石门路甚修平，可步，古柏夹之，外不见林，上不见颠，枝干交荫，人行道上，苍翠扑衣，日影注射，如荇藻凌乱。可数百步，复折而上，如是者凡十有一，每磴一折，必右俯木末，左瞰绝壁。壁皆甃石为之，岁久若天造，柏从石罅出，多类鬼工。初登一二盘，奇在柏。稍上诸山如螺髻，自柏外见，则又奇。至七八盘，山尽在下，精蓝名墅，棋布绣错，金碧晃耀，日竟屡换，殆无暇问柏奇矣。盘穷为山门，甚精丽，又进为圆殿，亦目所未见。”

明郑钦文所作《洪光寺》诗 :“寺里还藏寺，山头别起山。磴盘千级上，僧占一峰间。秀色杯前坠，孤云枝底还。元龙负奇好，惆怅不同攀。”

清康熙十六年（1677），御题洪光寺匾额，毗卢圆殿额曰“光明三昧”，正殿后檐额曰“慈云常荫”。

乾隆九年（1744）四月敕修后，洪光寺由民庙改为官办庙宇，每个月所需香供由内务府分发银两。乾隆十二年（1747），洪光寺内香岩室纳为静宜园二十八景之一。其正殿内额曰“香岩净域”。寺后门外坊座前额曰“蕙馨”，后曰“芝采”，皆为乾隆皇帝御书。

清乾隆年间，其寺宇规模完整宏丽。途经丽瞩楼、绿云舫、霞标磴，上洪光寺盘道，即所谓十八盘。盘尽有六角小亭一座，亭名曰“崦翠”。

沿路向东南行，即见寺宇。其寺山门东向门前建有四柱三门冲天式牌楼一座，牌座两边各建角门一座。过牌楼，左为鼓楼，右为钟楼，沿阶而上即为洪光寺冥王殿，殿一座三间，硬山式结构，内供弥勒佛，南、北次间墙上挂画像佛十八轴。过冥王殿，院中为明代初年郑同所建上圆下八方的重檐琉璃“千佛亭”，亭内檐向东挂“光明三昧”匾一面，紫地蓝字，康熙宝。

千佛亭西为五间硬山式结构的“香岩净域”殿，明间向东，神台上供铜无量寿佛九尊。殿内龛上挂“慈云常荫”匾一面，黑漆金字，乾隆宝。墙上挂画像佛十四轴。正殿外檐向东挂“香岩净域”匾一面，黑漆金字，乾隆宝。殿后高台上建有二柱冲天式牌楼门，可至唳霜皋。

千佛亭北过北群房，为一个墙宇环回的院落，院西为三间硬山式结构的观音殿，即太虚室，内供金漆大悲观世音菩萨一尊，院北为五间歇山带三间抱厦的“香岩室”楼。

千佛亭南边南群房，为一个墙宇环回的院落，院西为三间硬山式结构大殿，院南为三间硬山式结构配殿，院东建有门楼一座。

此寺院于 1860 年被英法联军焚毁，其建筑夷为平地。20 世纪 20 年代末至 30 年代初，曾任山东督军兼省长的田中玉，在此营建私人别墅一所，每年向香山慈幼院交地租四百大洋。田中玉（1869—1935），字蕴山，1869 年 10 月出生于直隶临榆城西高建庄。7 岁时，入山海关高建庄私塾读书，后考入北洋直隶武备学堂炮科就读。毕业后，任北洋军第一镇炮队第一标统带、山东兖州镇总长。1907 年他随徐世昌去东北，任东三省督练公所总参议。中华民国成立后，代理山东民政长。从 1913 年起，他历任曹州镇总兵、山东兖州镇守使，陆军第五师师长等职。1916 年，任察哈尔都统，属直皖系军阀。1919 年，任山东省督军兼省长。1923 年，中国现代史上的“临城劫车案”由田中玉谈判，田中玉经过艰苦斡旋，先与劫持者达成了允许被劫持人质与家属通信联络的协议，后又达成了有条件释放人质的协议，但由于这个事件震惊中外，各国公使的外交压力强大，田中玉被迫引咎辞职。随后他先后到天津、大连两地寓所闲居，直至病逝。

1948 年 12 月至 1956 年 4 月，此地房屋由中共中央机要局使用。1956 年 4 月以后归属香山公园管理。

1960—1963 年，彭真、刘仁等人，曾于每年夏秋之际，在此疗养。

1972—1974 年，北京市“批林批孔”专案小组利用此地。

1985 年 3 月—1990 年，香山别墅用香山寺一带空房开设香山别墅二部，接办国内会议，洪光寺小楼辟为会议服务用房。2011 年至今，被整修租用不对外开放。目前，小楼尚存，原洪光寺千佛亭基座清晰完好，有待进一步恢复和建设。

私人别墅

中华民国时期，香山诸多景区成为军政显要、达官商贾修身养性、度假休闲的别墅区。历史虽短暂，却在香山历史上留下浓重的记忆，有些建筑遗迹至今尚存。

双清别墅

双清别墅位于古老的香山寺北侧，是一座依山而建、别致幽静的庭院。相传此为金章宗“梦感泉”旧址。清乾隆十年（1745）营建香山，在此修建了“松坞云庄”，院内立“栖云楼”。双清别墅有来源于院内西侧山腹中流出的两股清泉。清乾隆在此泉旁石崖御题“双清”。

1917 年，直隶水灾，熊希龄创建了“香山慈幼院”并将此

双清别墅

处辟建为私人宅邸。熊希龄（1870—1937），为中国资产阶级政治家，北洋政府总理。字秉三，别号明志阁主人、双清居士。因晚年学佛，又有佛号妙通。湖南省凤凰县镇竿镇人，因此地隶属湖南凤凰厅，故在熊希龄成名之后，他又被人尊称为熊凤凰。

熊希龄少年时就初露锋芒，被誉为湖南“神童”。清光绪年间中举人、进士，授翰林院庶吉士。1897 年与谭嗣同等在长沙创办时务学堂，任总理；1898 年戊戌变法失败，赵尔巽提携熊希龄为屯垦局总办。辛亥革命起，熊希龄加入中华民国联合会。1912 年任热河都统，次年被推举为进步党名誉理事。袁世凯镇压二次革命后拉拢进步党人组阁，熊希龄任北洋“第一流人才内阁”总理兼财政总长。1917 年京兆各县水灾，他被特派督办京畿一带水灾河工善后事宜，创办慈幼局，收养难童。

1918 年，在北京香山静宜园成立香山慈幼院，他虽在香山慈幼院任院长，但不拿薪金。熊希龄专心致力于社会福利和教育事业，以推行“学校、家庭、社会”三位一体的教育体制而闻名中外。

1928 年任国民政府全国赈济委员会委员，1931 年九一八事变后，他动员家人和香山慈幼院的师生投身救国抗日活动。1937 年赴香港，12 月因脑出血在香港逝世。香山办慈幼院期间，培养了很多国家栋梁。然而由于达官显贵建私人别墅，香山的大部分历史景区也受到破坏。

1949 年 3 月 25 日中共中央迁到北平，毛泽东、朱德、刘少奇、周恩来、任弼时等老一辈无产阶级革命家居住香山，毛泽东就居住在双清别墅。在双清别墅，毛泽东先后发表和撰写了《南京政府向何处去》《向全国进军的命令》《七律·人民解放军占领南京》《论人民民主专政》《丢掉幻想，准备战斗》《别了，司徒雷登》《为什么要讨论白皮书》《友谊还是侵略》《唯心历史观的破产》等文章，会见了许多民主人士和爱国人士，并指挥了渡江战役，筹备了中华人民共和国的成立。

1979 年，双清别墅被北京市人民政府列为第二批文物保护单位。为纪念毛泽东诞辰 100 周年，1993 年 7 月，市园林局、香山公园管理处按北京市委指示，在此举办了“毛泽东在双清”展览。经过修建、布展，双清别墅更吸引了四方游客。进双清别墅东门，院子正中为一池塘，池内睡莲翠绿，红鱼成群，池边有八角红亭，亭旁一棵大银杏树，北有石幢两块，刻乾隆御题，再北有房数间，内陈列 1949 年毛泽东在双清时的办公居住物品。池南石阶可登台，台南有防空洞，为中国人民解放军第四野战军

双清别墅旧影

工兵二团三营所修。沿路西行，环山叠石，乾隆御题“双清”二字刻于石壁间。稍北又有屋三间，为西展室，内展毛泽东在双清时的手稿、毛泽东与中外友人照片及录像。房子周围均是竹树花草。双清别墅清幽淡雅的环境，山、泉、石、树、亭、池的自然协调成趣，不仅是人们游览的重要场所，而且还是一处缅怀、纪念老一辈无产阶级革命家、进行革命传统教育的圣地。

1994 年 8 月 20 日，北京市政府文教办报请市政府将双清别墅特批为第 29 个青少年教育基地，命名为“香山公园双清别墅——1949 年毛泽东及党中央办公地”，并于当年 10 月 25 日在北京市青少年教育基地总结表彰大会上正式宣布、授牌，11 月 4 日，在双清别墅隆重举行挂牌揭幕仪式。2009 年，双清别墅晋升为全国爱国主义教育基地。

2015 年 3 月，香山公园赴西柏坡举办“1949・中共中央在香山”展览，通过重温历史伟人的生平事迹，感受新中国拓路寻梦之旅的艰辛与希望，思考新时代的责任与义务，成为教育全党、凝聚社会、鼓舞人心、推动社会向前发展的强大力量。同年 7 月，为推进京津冀协同发展，挖掘红色文化的溯源与根脉，香山公园、石家庄市委党校、西柏坡纪念馆在双清别墅联合推出“党面临的‘赶考’远未结束”展览。

双清别墅作为全国爱国主义教育基地，正在以深厚的历史文化和人文资源，积极推进资源要素对接对流，主动作为，构建优势互补、互利共赢的平台，将会不断推陈出新，在推进京津冀协同发展进程中发挥积极的作用。

雨香馆遗址

雨香馆遗址上建的房屋为官僚巨富冯耿光的私人别墅。平房六间，砖石结构，天然石板瓦顶。1971 年 12 月被拆除。冯耿光（1892—1966）,字幼伟。日本陆军士官学校步兵科第二期毕业生。1905 年回国,历任北洋陆军第二镇管带、协台,广东武备学堂教习,陆军混成协标统，澧州镇守使。1911 年任清政府军咨府第二厅厅长。武昌起义后，被清政府派为参加南北议和的北方分代表。1912 年中华民国建立后，任袁世凯总统府顾问兼临城矿务局监办，高级参议，领陆军少将衔。后任临城矿务局督办。1918 年 3

雨香馆

月任中国银行总裁。1922 年任中国银行常务董事。1926 年再任中国银行总裁。1928 年起任新华储蓄银行董事长，联华影业公司董事。1931 年新华储蓄银行发生危机，中国、交通两行拨款将其改组为新华信托储蓄银行，冯耿光为董事长。1945 年冯耿光改任中国银行高等顾问。1947 年至 1948 年任中国农工银行董事长。中华人民共和国成立后，任中国银行与公私合营银行董事。第一届全国政协委员。

梯云山馆

位于芙蓉馆西侧，乾隆年间在此附近建有洁素履等景观建筑组群。此处山石嶙峋，房屋建筑恢宏。在嘉庆间“陈设档”中首见梯云山馆之名，很多房屋用作膳房。1860 年被英法联军焚毁。20 世纪 20 年代著名实业家张謇将此修建为私人别墅，现存平房东向五间，砖石结构，建筑面积 224.2 平方米。山馆基址开阔平坦，四周山石环拥，古木叠翠，居高临下，风景秀丽。张謇（1853—1926）是近代著名的实业家、教育家、立宪派代表人物。他在甲午战争爆发那年中了清政府的末代状元，但中国的惨败深深刺激了他，使他放弃了官职，致力于实业和教育，先后建成了大生纱厂及盐业、榨油、面粉、冶铁、轮船等企业，形成了大生纱厂资本集团，因而被誉为“状元资本家”。同时，张謇还努力兴办学堂，

梯云山馆

创办了各级各类学校330多所，比较著名的如三江师范学堂（今南京大学前身）、复旦公学（今复旦大学前身）、南京河海工程专门学校（今河海大学前身）、吴淞商船学校等，涵盖了从学前教育到大学本科教育，包括普通教育、师范教育、专门教育、职业教育、特种教育等多种方式，构成了门类相对齐全、结构相对完整的国民教育体系。梯云山馆房屋尚存，不开放。

松云别墅

松云别墅位于半山坡上，平房两间，砖石结构。和罗汉影两间带抱厦的平房、亭子一座的主人为周学熙。周学熙（1866—

1947），字缉之，别号止庵，安徽东至人。是近代民族工业创始人之一，与江南的状元资本家张謇齐名，被誉为“北国工业巨子”，有“南张北周”之说。周学熙一生最大功绩就是办实业，以实业救国。在天津创办了第一个水泥生产企业——“启新洋灰股份有限公司”；受清政府委任，总理京师自来水建设，所建水厂及铺设管线构成了北京市供水网的初步格局。同时，周学熙又是大军阀袁世凯身边的要人，担任财政总长。1920年在香山建立松云别墅。1935年《西山名胜记》中载：罗汉影处的房屋改周学熙别墅。目前已改建。

玉华三院

玉华三院为民国时期时任天津市市长萧振瀛的私人别墅。平房七间，砖石结构。萧振瀛，青年时以法政大学学生身份投身东北军，后来又到了冯玉祥手下供职。但因为私自释放进步青年，差点被冯玉祥枪毙，幸亏有宋哲元、张自忠等说情，才得以保住性命。二十九军组建时，宋哲元任军长，萧振瀛任总参议。在喜峰口抗击日寇中，二十九军名声大振，“大刀向鬼子们的头上砍去”，就此传遍全国。

萧振瀛的爱国是很有名的。据记载，有一次，萧振瀛陪宋哲元会晤正在策划“华北自治运动”的日本特务机关长土肥原贤二。

玉华寺

土肥原贤二提出所谓“经济合作”，萧振瀛当即严正表态说：“此非经济合作，实乃经济侵略，当然不可！”土肥原贤二恼羞成怒，拔枪相向。萧振瀛毫不畏惧，也拔枪相对。土肥原贤二连忙赔谢，事情才算收场。也正因此，日本人将其视为眼中钉，一定要去之而后快。在日本方面压力下，1936 年 8 月，萧振瀛被迫去职离津，到北京香山寓居。

芙蓉馆

芙蓉馆为周作民（1884—1955）的私人别墅。周作民时任金城银行总经理，在芙蓉坪的遗址上建起了正房五间，带游廊及四间厢房，院内有一座池塘。其别墅更名为芙蓉馆。

周作民1906年赴日留学，1908年在南京政法学堂任翻译。辛亥革命后，任南京临时政府财政部库藏司科长。后任北洋政府财政部库藏司司长。1915年辞职到交通银行总行任稽核课主任。1917年创办金城银行，任总经理，在华北获得了与中国、交通、盐业三银行并列的地位。后一直以该银行为事业基础，成为金融巨子。金城银行成为全国私营银行之首。周作民在经营方针上，模仿日本三井、三菱，以银行为核心，控制一些工矿、交通和贸易企业。1921年在碧云寺西山天然疗养院养病。之后又租芙蓉坪遗址建私人别墅，并更名为芙蓉馆。

抗日战争爆发后，周作民被任命为国民党军事委员会农产调整委员会主任委员。1948年赴香港。1951年回到北京，任公私合营的“北五行”董事长。1952年，任公私合营银行副董事长，

芙蓉坪

1955 年病逝于上海。芙蓉馆至今保存北房五间、西厢房四间，为公园环卫部门使用。其红窗灰瓦，工艺考究，建筑华丽，虽然历经岁月沧桑，仍不失当年的奢华。

森玉笏遗址

森玉笏为一绝大之石壁，峭然耸于路旁。上刻有清高宗御题“森玉笏”三个大字，游人可登石上玩赏。中华民国期间为冯庸别墅，石非由墅内不能登，故游人只能在下瞻望。冯庸是张学良的结拜兄弟，两人同称“东北两公子”。其父冯德麟是清末“四大绿林”之一，与张作霖关系密切，同属奉系军阀的鼻祖。冯庸

森玉笏

出身军人家庭，自己也曾任东北军航空司令，但他却拿出绝大部分家产，在沈阳创办了冯庸大学。这个大学虽只存在了短短5年即被日本人霸占，但当时其知名度可与东北大学齐名。

森玉笏的石壁上，刻有熊希龄于1922年5月写的一首诗，字迹清晰，上曰："远看塔影漾湖波，又听群山唱晚歌。为念众生无量苦，万山深处一维摩。丹炉石洞话前因，汉武秦皇迹已陈。欲学长生终是幻，倚栏却忆散花人。"小字题记曰："余久病未愈，乃率童子军游森玉笏，即支帐住宿于此，以诗记之。壬戌五月凤凰熊希龄"。今房屋湮没，仅存石刻。

重翠崦遗址

重翠崦遗址为天津实业界知名人士庄乐峰的私人别墅，平房20余间，亭子一座，后称玉华四院。庄乐峰为当时有名的实业界人士，早年毕业于北洋水师学堂，因在训练时不小心摔伤了腿，虽然很快恢复，但仍影响了他向军界的发展。后来，他走向了发展实业的道路，曾随黎元洪一起，出任山东枣庄中兴公司的董事。著名爱国将领张学良，曾经担任民国总统的徐世昌，军阀张勋以及银行家周自齐、陶湘等，都曾在同一时期加盟中兴公司。此外，庄乐峰发起创办了天津公学，后来进行了扩建，并改名为耀华学校，取"光耀华人"之意。目前房屋已改建。

重翠崦

附：中华民国时期静宜园名胜存、废、改造状况一览

太和宫：改香山慈幼院董事会

中宫：改香山慈幼女校

军机处：改静宜女校

绿云舫：改图书馆

洪光寺：改田中玉别墅

香岩室：改鲍贵卿别墅（鲍毓赢，原系北平伪警察局局长）

无量殿：改公寓

芙蓉坪：改周作民别墅

昭庙：改红十字医院

韵琴斋：出租

来青轩：改公寓

雨香馆：改冯耿光别墅

梯云山馆：改张謇别墅

重翠崦：改庄乐峰别墅

玉华寺：改上海刘氏别墅

栖月崖：改狄博尔别墅

罗汉影：改周学熙别墅

以上十七处不准随便游览。

勤政殿：(已废) 在宫门内

绿筠深处：(已废) 在璎珞岩西

青未了：(已废) 在看云起北

晞阳阿：(已废) 在朝阳洞南

丹墟：(已废) 在朝阳洞西

研药亭：(已废) 在朝阳洞北

香炉亭：(已废) 在蟾蜍峰南

香雾窟：(已废) 在西山晴雪碑西南，亦名静室

龙王庙：(已废) 在重翠崦南

以上九处，任人游览。

隔云钟：(已废) 在昭庙北

静如太古：(已废) 在芙蓉坪南

钟亭：(已废) 在图书馆西

多云亭：(已废) 改白云亭

霞标磴：(已废) 在半山亭北

洁素履：(已废) 在梯云山馆西

唳霜皋：(已废) 在双清西

观音阁：(已废) 在芙蓉坪北

以上八处圮废无从游览。

双清：(存) 改熊希龄别墅

见心斋：(存) 租予医院

香山寺：(废) 改香山饭店

森玉笏：(存) 冯庸别墅

以上四处可以通融游览。

瀑布崖：(存)

璎珞岩：(存)

知乐濠：(存)

看云起：(存)

香山寺观音阁：(存) 改半山亭

阆风亭：(存)

朝阳洞：(存)

西山晴雪碑：(存)

玉乳泉：(存) 泉涸

绚秋林：(存)

十八盘：(存)

蟾蜍峰：(存)

重阳亭：(存) 即鬼见愁

眼镜河：(存)

古园新貌

香山公园于2005年完成公园总体规划和文物保护规划，自2012年启动以香山永安寺为代表的静宜园二十八景复建工程。目前，十余处景观建筑，陆续向游客开放，游客既可身临其境，登高览胜，抒怀游目，尽情品味其景观丰富的文化内涵。

勤政殿

勤政殿是清代香山静宜园作为皇家园林最具标志性的建筑，位于香山静宜园东宫门内，为静宜园二十八景首景，为乾隆皇帝理政之所。

勤政殿于 2003 年按照清代样式雷图样并结合现存清中期中国古建筑的风格特色进行了复建。复建面积 983.08 平方米。8 月 6 日，正式向游人免费开放。

勤政殿正殿五间，左右配殿各五间。殿为单檐歇山式，檐饰金龙和玺彩画，门楣上悬仿乾隆御题满汉金字“勤政殿”匾。殿正中红漆地平，上陈列木制贴金九龙雕宝座，座后陈列乾隆御制《勤政殿》诗屏风，宝座两侧靠墙陈列书柜，北墙上挂乾隆御制《静宜园记》，南墙上挂清宫廷绘画《香山图》。殿内金柱上悬乾隆御制“与和气游”匾联。

勤政殿的复建及殿内陈设的复原，充分彰显了香山静宜园作为皇家园林在京西“三山五园”中的宏丽规模及在中国古代园林中的历史地位。复原后的勤政殿景区占地面积 8000 平方米，是中华人民共和国成立以后，在京西“三山五园”中复建的等级最高、单体建筑最大的宫殿型园林建筑。

勤政殿

复建陈设的开放展示了中国博大深厚的皇家园林文化，是首都园林建设、文化建设、文化保护的重大成果，对西山文化风景园林开发利用，具有重要的战略意义，实现了香山具有浓郁山林特色，融自然、历史、人文景观为一体的皇家园林的历史定位。

勤政殿正殿面阔五间，通面宽 28 米；进深三间，通进深 17 米。建筑面积约 600 平方米，为青砖布瓦单檐歇山式建筑，屋顶隆起九条脊，是仅次于庑殿顶的一种等级最高的屋顶式样之一。屋面峻拔陡峭，四角轻盈翘起，既有庑殿建筑的宏伟气势，又有攒尖建筑的俏丽风格。殿檐饰金龙和玺彩画，门楣上悬仿乾隆御题满汉金字“勤政殿”匾，四周用云龙纹浮雕装饰，饰有五条金龙，上方正中为一条正龙，其余为行龙。满汉文字均采用浮雕，贴库金。殿内外檐彩画均采用金龙和玺，这种彩画在明清建筑中是等级最高的一种，仅用于宫殿、坛庙的主殿、堂门。

勤政殿的复建是文化建园的成功实践，是香山发展史上的一个创举。其复建、装修、陈设及展览等，皆以遗址及清宫档案为依据，殿内陈设物品，诸如金漆透雕宝座、珐琅鼎炉用端、雕龙大柜、各种镀金饰件等制作精良，皆具宫廷文物所特有的典制性、艺术性、精致性，为今后继续挖掘展示香山历史文化内涵及持续复建静宜园二十八景奠定了良好的基础。

致远斋

致远斋是香山静宜园二十八景之首勤政殿的重要组成，建于乾隆十三年（1748），由致远斋、韵琴斋和听雪轩三座殿宇组成。致远斋是乾隆皇帝咨政理事的地方，面阔五楹，前后抱厦各三楹，与故宫养心殿的设计颇有异曲同工之妙，正殿悬乾隆御书“致远斋”匾额。西侧为韵琴斋，面阔五间，殿前有池水一方，碧波荡漾。乾隆皇帝一生莅临香山 82 次，驻跸 235 日，是其朝政、理政的重要之所。致远斋建筑组群于 1860 年被英法联军焚毁。

致远斋，命名源于诸葛亮《诫子书》:“夫君子之行，静以修身，俭以养德，非淡泊无以明志，非宁静无以致远……”乾隆御制诗云:“香山理事处，致远向名斋。堪以会心要，宁因玩景佳。始勤终戒怠，言顾行防乖。宁静斯为本，武侯语契怀。”

视事理政是乾隆皇帝营造静宜园的主要目的之一。致远斋内金柱上联曰：“静宜园中咨政处驻兹清晓所必临”。下联曰：“致远讵为玩山景九州四海在一心”。

乾隆五十五年(1790)御制《致远斋自箴》诗曰:“静宜理政斋，额取诸葛字。宁静乃其本,致远则其施。回思卅年来,致远匪一事。西北辟新疆,东南靖海澨,兹更不期中,像藩亲觐至。何莫非天恩，而我频承赐。敢更有所图，保泰唯增惴。”

乾隆六十年（1795）九月初九日重阳节，85岁的乾隆皇帝临幸香山静宜园，御题《致远斋》诗曰：“致远斋为敕政居，清晨理事每相于。宵衣旰食为虞怠，夕惕朝乾敢以虚。合计十功早知止，又筹一捷企重书。笃承天佑何修遇，感弗能言祗凛予。”这些楹联、诗文中无不反映乾隆皇帝对儒家修齐治平境界的自觉追求。

致远斋殿内

致远斋

致远斋是乾隆皇帝理政和生活雅集的空间，寓意着淡泊明志、宁静致远的志向与内圣外王的追求。据清代陈设档案记载：致远斋内原设有东、西书房，其陈设有书画、文玩、器皿、盆花、盆景等，清雅华贵、古籍充栋；其“后花园”韵琴斋与听雪轩，更是书画满堂、琳琅满目，床上、几上、博古架上尽陈古玩、清玩、古董、韵物，其樽、磬、果洗、梅瓶、水盛等，囊括官、哥、汝、定、宣，构成了一个华贵肃穆而丰富多彩的山林雅集空间，实现了养性情、涤烦襟、迎静气的妙趣。

韵琴斋殿内悬挂乾隆皇帝御题“智仁山水德”“空籁琅璈”匾额。“智仁山水德”道出了中国儒家君子山水比德思想之精髓，而“空籁琅璈”则将空灵的山林洋溢着的风声、鸟鸣、流水声等天籁之音，与山居书室咏诗读书之声浑然一体，铭记着乾隆皇帝畅游山林、以山水之德陶冶情操的高雅意趣，两处题额蕴含着独特的哲学、美学、诗学、文艺学思想。

韵琴斋与听雪轩之名，皆源自叠落涌流的清泉，然非琴声，而是以泉声比作琴声，以石比作琴，以泉比作琴弦。两座建筑隔池相望，青石板桥相连，桥下涌泉响清畅，锦鱼绕池塘，泉飞叠落宛若奏琴。乾隆御制诗赞道："石是琴之桐，泉是琴之丝。泉石相遇间，琴鸣自所宜""仲春听雪轩，雪声信在天。清和听雪轩，雪声乃在泉。"实现了读书依林静、幽轩密室，聆听林风天籁、与金奏合崇高而空灵的境界。正如《园冶》中所说"略成小筑，足征大观"。"书房之基，立于园林者，无拘内外，择偏僻处，随便通园，令游人莫知有此。内构斋馆房室，借外景，自然幽雅，深得山林之趣。"

致远斋景区的园林相地独特，景观静谧，景域开阔。过勤政殿后青石板路，度石板桥，过曲径郁闭后而豁然开朗，经土山方可见其垂花门，体现园林造景的欲扬先抑、欲露先藏的特点。门前东有一株白皮松，西有一株古槲树，宛似门扉。土山崎岖盘绕，暗寓为青龙委卧，下藏一条清渠。龙头吐水呈挂瀑景观，风水奇佳。

山上虬松古柏繁茂，其选址秀美静谧、外旷内幽。伫立在院内，向西可远观翠峰如滴、青莲如画；南边山峦环绕，山岚如屏、松柏苍翠、绿肥红瘦；向东北可揽无尽天表，庭院朗阔，可仰借蓝天白云、皓月繁星、飞鸟翔空。一日间的晨曦夕霞，一年的春光、夏荫、秋云、冬雪，更是尽收眼底。韵琴斋与听雪轩之间环抱一潭池水，池塘边补植了黄金竹、紫竹、斑竹及品种为大宫粉、小绿萼的梅花，与原有虬松古柏，形成“岁寒三友”之意韵，金碧辉煌的殿宇与秀美浓郁的林泉景观相融相合，池中天光云影、碧波朱鱼、荷叶田田，动静契合、成画成吟。

2003 年，作为静宜园二十八景之首勤政殿修复后，修复致远斋景区、呈现朝政理政完美格局成为香山人的期盼。2013 年，在市文物局、市公园管理中心、海淀区政府共同支持之下，致远斋、韵琴斋、听雪轩文物保护工程正式启动。2015 年 10 月按照清代样式雷图样完成复建。重建致远斋，对于实现静宜园景区建筑的完整具有里程碑的意义。

听雪轩

致远斋修复完全按照修旧如旧的原则，参考了清乾隆时期张若澄所绘《静宜园二十八景图》，清代乾隆时期宫廷画匠清桂、沈焕、嵩桂合笔而成的《静宜园全图》，样式雷图和晚清、民国时期老照片等图文资料，以清工部《工程做法则例》和《清式营造则例》等典籍为依据，结合现存建筑遗存和北京、承德等地区官式建筑实例，参照了北海快雪堂装修形式。

特别是在遗址清理过程中，发现原有地基、台阶、残垣断壁完好无损，通过承载力测试，完全满足

致远斋南门——正谊明道

设计要求。同时遗址清理出土大量建筑残构件，对考证建筑原形制、原材料、原做法具有重要作用，历史遗存较为完备，对恢复其建筑艺术的原真性有较高保证,故其保护复建可谓“原汁原味”。

复建后的致远斋景区建筑形式延续了清乾隆时期形制，呈现出形体简练、细节烦琐的特点，其建筑体型、装饰、装修上的变化以追求皇家园林理政的肃穆与严整，又结合山石水景形成极具山林野趣的雅集境界。在复原建筑主体、造园技艺及空间氛围等方面，融糅南北园林艺术，取得了显著的艺术性成就。

从致远斋景区的建筑形式上看，由于斗拱比例缩小，出檐深度减少，柱比例细长，生起、侧脚、卷杀不再采用，梁坊比例沉重，屋顶柔和的线条消失，因而呈现出拘束但稳重严谨的风格，建筑形式精炼化、符号性增强。在建筑技术上突出了梁、柱、檩的直接结合，减少了斗拱中间的层次，从而达到了以更少的材料取得更大建筑空间的效果。其木作、砖瓦、石作、油漆彩画等，皆采取清中早期传统做法和工艺。

致远斋为一殿两卷式硬山建筑，前后抱厦为悬山卷棚顶，殿身面阔五间，抱厦面阔三间，筒瓦过垄脊屋面。门为三交六椀五抹头门，窗为步步锦支摘窗。其院落采用了清中期乾隆年间的两种彩画形式，致远斋、韵琴斋、听雪轩、垂花门为墨线方心式苏画；游廊为海墁锦纹地双蝠葫团花、卷草团花苏画，两种彩画内涵深厚、色彩艳丽、工艺考究。

致远斋窗子格纹采用的三交六椀样式图案，象征着国家的权力，表达天地相交生出万物的意蕴，是用直棂相交后组成的等边三角形，三角形交点处就像一朵六凌花，中间形成圆形。这种窗子格纹与故宫太和殿的同属最高等级。

韵琴斋为一殿一卷式硬山建筑，抱厦为三檩悬山，面阔五间，前后带廊，筒瓦过垄脊屋面。听雪轩为面阔三间硬山建筑，筒瓦过垄脊屋面。窗子格纹为斜方格纹，是由两根斜棂相交后组成的菱格形图锦，寓意财源滚滚。韵琴斋窗纹样式为步步锦，是一组有规律的几何图案，象征事业上事事成功、做官步步高升等。

修复后的整个景区占地为 3044.41 平方米，建筑面积为 733.06 平方米。64 间回廊将景区围合串联为一体，组成了一个独立的园林建筑群整体。

致远斋景区的建筑组群体现了皇家园林避喧听政、散志澄怀、动静协调、舒适实用、有鲜明节奏感的功能效果；在巧妙与精致

韵琴斋

中表现出它的韵律美，通过庭院斋、轩、游廊、山石、池塘、植物错落有致的结构变化来体现节奏和韵律美，蕴含着无限的生机和趣味，将天籁、人籁融为一体，给予人心灵的涵养与陶冶。

其建筑组群凝聚中华民族悠久的园林文化底蕴，再现了皇家园林可行、可观、可居、可游，借景、点景、隔景，移步景换、渐入佳境的奇妙构思，创造了园林以小见大、动静相融的境界，突出了自然、淡泊、恬静、含蓄之情趣，将中国古人宇宙意识和生命情调的诗化，以生机和博雅的形式呈现出来，实现在有限空间表现无限空间的意境。

香山大永安禅寺

香山寺始建于盛唐时期，因山名寺。后几经兴衰，几易其名。1860 年被英法侵略军焚毁。

《金史·世宗纪》载："大定二十六年（1186）三月，癸巳，香山寺成。幸其寺，赐名'大永安寺'。"元皇庆元年（1312）四月，仁宗爱育黎拔力八达给钞万锭修香山永安寺，并改名为"甘露寺"。明正统年间，司礼太监范宏"捐币市材，命工重建，殿堂、楼阁、廊庑、像设，焕然一新，规制宏丽，蔚为巨刹。事闻，乃赐额永安禅寺"。

康熙十六年（1677），建成香山行宫，其范围在今香山寺一带。乾隆十年（1745），开始营造香山寺扩建工程，乾隆十二年（1747），其寺被列为静宜园二十八景之一。乾隆皇帝赐名"香山大永安禅寺"，堪称西山诸寺之冠。清咸丰十年九月（1860 年 10 月 18 日、19 日）被英法联军焚毁。

香山公园于 2014 年底启动香山大永安寺修复工程，历时三年，于 2016 年完成主体建筑修复，由买卖街、接引佛殿、天王殿、钟鼓楼、坛城、圆灵应现殿及薝蔔香林阁等建筑组成。2017 年 10 月 20 日前完成 29 尊佛像铸造及供器陈设安装工作，10 月 28 日试运行，11 月 28 日正式对游客开放。

香山永安寺占地面积约 55 000 平方米，建筑面积约 2900 平方米，前部为买卖街，中部寺院依山叠落，有接引佛殿、天王殿、圆灵应现殿；后苑有眼界宽厅、水月空明殿、薝蔔香林阁、青霞寄逸楼等精美园林建筑。整体寺院布局灵活巧妙、空灵秀雅、动静相济，建筑与山水林泉达到高度融合，不仅在中国寺院中非常罕见，在中国古典造园艺术中也堪称为上乘之作。

香山永安寺是京西“三山五园”中有史可查、历史最悠久的文化遗存，是对自然山林的最小干预。其寺院体现了“源于自然，高于自然”的艺术追求，尽陈山林风月清音、营造自然山野意趣的境域，在内容、风格和意境等方面达到了顶峰，创造了山水美和艺术美的完美结合，具有独特的历史、艺术、美学、人文和文化价值，集中呈现了中国古典寺院园林相地奇山、绀宇凌空、巧于因借、视觉无穷、题名锦绣、意境优美等特点。

香山永安寺相地充分因借了秀美的自然山林，具备依托名山、生态清幽、泉源丰沛、紧邻村落、便于布道等特点。绿山为靠，两崖环抱，可谓是对自然山林环境的最大利用，充分体现了“崇尚自然、因借自然”的造园理念。寺院建筑与周围环境紧密融合，园林之美与自然山水之美交相辉映，实现了远近互借、动静相融，强化了寺院独有的空灵、寂静、自然、雅朴的风格。

香山永安寺坐落于峰峦奇秀、景趣致野、松桧隆郁、盘根抱柯、苍劲峭拔、如诗如画的奇境中。特别是其后苑叠石成山、引水作沼、幽殿曲室、奥旷相兼，创造了妙极山水的审美意象。

清涧奇石、绝壁危峰自古为寺院营造的绝佳胜地。而永安寺后苑叠石全部采用西山的青石，石呈片块状，又称青云片，极具画意。整体设计与叠石手法着眼于山的气势，局部处理又注重山石的纹理走向，层叠窈窕，奇巧殊绝。叠石主体厚实，大小石钩带联络，横似云朵，立如剑锋，曲路相通，洞壑相连、明暗相兼、虚实相济，形式多样而富于变化，可谓峻厚、博大、奇谲，藏巧于拙而窈折幽胜，独具幽燕沉雄之气，在有限的空间创造出磅礴的气势，堪称佳构。小径分二，盘行萦曲，幽险而深曲，逶迤循径而上，自西南、西北可至“青霞寄逸”，横经崖壁至“水月空明殿”，顿生“入狭而得境广”之感。蹬道内侧环砌砖制雕花栏板，危而不险，堪称巧夺天工。崖壁遇雨而垂带，莲池幽香。俯瞰高旷清爽，远眺郁郁青山，时隐时现，华阁飞陛、与神契合，遂望尘俗之缤纷，飘然有凌云之志。最高层为“青霞寄逸楼”，第二层楼外檐向东挂“鹫峰云涌”匾。可以体会当年乾隆皇帝寄予此处“人间仙境”“仙人共一”之意境。

香山永安寺相地尽显“山环水绕、负阴抱阳、溪水分流、藏风聚景”之格局。仰观寺院峦岫相护，浮青散紫，谷深林密，静僻清幽，宛如隔世；俯瞰境界无垠，东望玉泉山、万寿山、青龙山、凤凰山，尽在几席，形成拱卫、环抱、朝揖之势，可谓不可多得的风水宝地。七层殿宇在周边形胜景物的映衬与烘托下，给予游人以丰富感、层次感和不尽感，创造出一个妙极山水，尽显虚幻、空灵、幽远、宁静之意境，呈现出一幅“天人合一”的宇宙图画。

香山永安寺布局南北对称、轴心鲜明，完整又灵活，与周围景观形成了又隔又连、围而不隔、隔而不断的空间意境，建筑布局、花木配置、理水、山石处理等方面形成了与其他寺院园林截然迥异的特色。

建筑依山借势，由低到高，层层递进，矮墙围护，虽有分隔，但整体气势息息相通，于有限空间创造了流动灵活、自由多变的景域，使园林之美更具层次、深度和韵味，诗情不尽、画意无穷，成为中国古典寺院园林因地势分隔边界的范例。

由曲径入寺院一层，面南为四柱三楹冲天式牌楼一座，路两侧至“知乐濠”是一条买卖街，街内设有山神庙、财神庙、龙王庙及馨远斋、万兴号、鉴古堂、天馥斋、广源号、万顺号、福寿斋、源增号、登云斋、庆春楼等数十家商铺。当年乾隆皇帝进寺礼佛及为母亲举办七旬、八旬寿赐三班九老宴游香山时，由宫女、园吏及太监们扮成各式商号经营者，寺院前呈现出一派繁荣喧闹的市井图画。

街尽头为“知乐濠”，取自《庄子·秋水篇》：知鱼忘机。体现了乾隆皇帝由观鱼“出游从容”，领悟人生逍遥游之真谛。知乐濠西南建有龙王庙，西北建有财神庙。

第二道四柱三楹冲天式牌楼上嵌乾隆御题“香云入座”匾额，南北立两根旗杆，风动幡飞。上为一座三楹歇山式接引佛殿，殿宇两侧为八字雕花看面墙，殿外前檐向东挂“香山永安寺”匾。

第二层为一座三楹歇山式天王殿，前后门上挂乾隆御笔粉油蓝字诗意匾两面。

第三层天王殿后平台两侧建有钟楼、鼓楼，北侧建有四方碑亭一座，内设乾隆御制《娑罗树恭依皇祖元韵》碑一通。再上，南北各设坛城一座。南边坛城为重檐八角形，中间向东供呀吗哒噶坛城一座，佛面向东供东边牌楼，其里是白色，南面黄色，西面红色，北面绿色，供佛 13 尊；北边坛城中间内向东供药王佛坛城一座，佛面向东供东西牌，其里是白色，北面绿色，西面红色，南面黄色，供佛 37 尊；上南有山神庙，北有土地庙各一座；石阶上建有冲天式牌楼一座。

第四层为“圆灵应现”殿配殿南北各三间。南为文殊菩萨殿；北为观音菩萨殿。再上“圆灵应现”殿，为面阔 7 间，进深 3 间的歇山式建筑，面积为 788 平方米，是静宜园内体量最大的单体建筑。正殿外檐向东挂“圆灵应现”匾。殿前立一座大石屏，汉白玉石基台上镶嵌三方碑刻；殿后石壁上嵌汉白玉石一方，上篆

圆灵应现殿琉璃瓦顶

刻有乾隆御制诗文。

第五层经“圆灵应现”殿两侧罩子门,进入寺院最精彩的后苑。高台之上为“眼界宽”敞厅1座3间，南北各衔46间游廊，依山萦回与“青霞寄逸”楼相连；廊下内侧蹬道相连，可至“水月空明”殿;迎面而立假山环拥“薝蔔香林”六方亭式楼阁1座,3层。阁外1层前檐向东挂“薝蔔香林”匾，第2层外前檐向东挂“无住法轮”匾，第3层内隔断上挂“能仁妙觉”匾，外前檐向东挂“光明莲界”匾。据《本草纲目·木部》记载:“栀子，花名薝蔔。”花冠六出，排列回旋状，朵大色白。建筑以薝蔔为形，三层六出，结构繁杂，可见匠心之奇巧！登此阁不但可以体会礼佛之意味，又可尽享远眺之乐趣。

第六层为“水月空明”殿,3间,外檐向东挂“水月空明”匾。崖壁下设长方形莲池，遇雨则壁垂水帘，水满则溢，山静泉流，水静鱼游。

第七层为“青霞寄逸”楼，3楹2层歇山顶，楼外前檐一层向东悬挂“青霞寄逸”匾，第二层向东悬挂“鹫峰云涌”匾。

虚实互借，高下有致。《园冶》中曰:“夫借景，林园之最要者也。”“萧寺可以卜邻,梵音到耳;远峰偏宜借景,秀色堪餐。”“借者虽别内外，得景则无拘远近。晴峦耸秀、绀宇凌空，极目所至，俗则屏之，嘉则收之，不分町畽，尽为烟景，斯所谓巧而得体也。”香山永安寺因借地势，实现了与内外山水林泉的高度融合，不论是由外望内，由内望外，自上瞰下，自下仰上，由远瞻近，由近眺远，林木之胜、景观之美，尽显林泉之野趣，无不具诗情画意！

真正体现出了“巧于因借、精在体宜”，利用近借、远借、俯借、邻借和因时而借、虚实互借等方式，实现了近景、中景、远景的叠加，体现了空间感、层次感及无限性的特色。

入寺院门前序曲，即呈现奥如旷如之境，路为花岗岩铺就，宽阔而萦曲；两侧松柏参天，浓荫蔽日，曲径幽深。明王衡《香山寺门》诗曰："浓荫静如夜，清流澹无言。不知山寺到，乍见风幡翻。”过涧桥向南，其山如屏，苍翠欲滴，秋则灿烂如画。西折南而进入第一道牌楼，街内商铺林立,度“知乐濠”桥进“香云入座”牌楼，可登石阶进山门殿，又可顺左侧岩石路登临而上，沿路四季可聆听谷壑中清泉流淌的声音。

天王殿下南北路沟通了“松坞云庄”“来青轩”两处著名景区，两处风景空间又各自成景。“吉安”牌楼南北路与“欢喜园”“妙高堂”“无量殿”相通，大雄宝殿南北设罩子门与后苑相连，最高层“青霞寄逸”又与古御道相通,可至“唳霜皋”“洪光寺”“绚秋林”等。这种有界非界、似隔非隔、景中有景、小中见大、步移景换、变化无穷的布局，使其在有限的范围之内创造出了无限的空间之美，让寺院景观更加丰富含蓄、情趣无穷。

极目而游心，视野无垠，仰观俯察，放逸心灵，是香山永安寺借景的主要特点之一。“圆灵应现”“眼界宽”“薝蔔香林”“水月空明”“青霞寄逸”等殿宇高入云表，立而环眺，则凌虚骛远，林岫绝胜之观，举在眉睫。正所谓“仰观宇宙之大，俯察品类之盛”,使游览者在俯仰游目之中达到“神超形越”相忘相化的境界，体现了古人特有的空间意识和独特的表达方式，广阔宇宙成为游目骋怀的审美对象。

此外，永安寺在春夏秋冬、阴晴雨雪及朝曦暮露、梵音晨钟等应时而借的审美和意趣方面，利用借物、借影、借声等手法，因境造景，营造了霜天月夜，群鹤长鸣，如入月宫仙境；海棠院花时交映、灿然如雪；水月空明殿下池中双月恍耀、水月两忘……元、明、清皆有赞誉："红云看不彻，漠漠杏林花""远林红漠漠，平楚绿漫漫""历尽丹梯古寺门，钟声万壑报黄昏"等，从中可以体会到香山永安寺四时、四季的秀美景观。

总之，香山永安寺充分因借山势扩大了园林视野空间，将周围环境所有的美景纳入怀中，使其突破了自身的局限，达到了整体风景的扩大与延伸、层层叠远、宛似山林风景图画，尽显无限山林意境，实现了"轩楹高爽，窗户虚邻，纳千顷之汪洋，收四时之烂漫"的意境。

清赏式徽，题名锦绣。追求含蓄、深邃、诗情画意是香山永

俯瞰香山寺

安寺又一重要特点。

永安寺的园林意境不仅借助山水、花木、建筑、池沼所构成的景观传递意境，而且通过在殿宇、景观中大量运用匾额、碑刻、对联、题咏、刻雕及绘画等手法进行造景，这些匾额、楹联、对联、题咏、石刻及玉玺印文等，题名锦绣、意蕴悠长，字字珠玑！对园林意境起到点睛作用，凝聚着中国传统文化精粹、社会审美意识精华以及中国古人对自然山水寄予的情怀，反映了乾隆作为一代帝王的心智与情趣，同时也体现了自然与艺术美的统一，给予游览者协调、宁静、雅致、和谐之美感，使自然美景升华为富有诗情画意的境界。

首先是香山永安寺主要建筑均镶嵌乾隆皇帝御书题额、匾额，如：寺院三道牌楼上嵌“香云入座”“甘露”“吉安”匾额；山门殿悬挂的蓝地金字“香山大永安禅寺”、天王殿前后门上悬挂粉油蓝字诗意匾、“圆灵应现”殿檐悬蓝地铜字“圆灵应现”匾;“眼界宽殿”“薝蔔香林”六方楼、“水月空明”殿、“青霞寄逸”楼，分别悬御书粉油蓝字“眼界宽”“薝蔔香林”“无住法轮”“能仁妙觉”“慈因净果”“圆通净照”“光明莲界”，以及绿地金字“水月空明”，青地金字“鹫峰云涌”“青霞寄逸”等匾额，增强了深邃的意境，给予人们色彩斑斓、妙语连珠的视觉冲击。

其次是点景。通过碑文、楹联、镌文、刻石及绘画增添了寺院深厚的文化意蕴，达到突出主题、点景和拓境的功效。如：引《庄子·秋水篇》之典命名的“知乐濠”并镌文刻石嵌于池壁之上；天王殿北侧四方碑亭，竖一通乾隆皇帝御制《娑罗树恭依皇祖元

香山寺后苑全貌

韵》诗碑，赞誉佛门祥瑞的娑罗树；殿前平台南北各竖八角重檐碑一通，记述修葺寺院之始末。

“圆灵应现”殿前立汉白玉大石屏，上镶嵌三方碑刻。阳面刻三座塔形图案，每一图案中又刻着《金刚般若波罗蜜经》《般若波罗蜜多心经》《八大人觉经》三部经文，皆雕刻为宝塔形，塔身刻佛像、花卉等纹饰，造型独特；阴面恭镌乾隆御笔观音菩萨、燃灯古佛、普贤菩萨诸像，并刻有御制赞语。石栏上镌刻乾隆御题五副联语，阳面中联曰：“花雨轻霏结青莲法界，云峰郁起现白毫相光”；次联曰：“智镜光圆宏六度，心连香远演三乘”。阴面中联曰：□□□□□□□□□□（上联缺失），虚空留月印普现三乘；次联曰：“禅心澹兴秋云杳，□□□□□□□（下联无存）”。石屏两侧楹联曰：“灵鹫风香传妙偈，澄潭月皎印真如”。

乾隆十四年（1749）御笔亲绘并篆刻在石屏上的燃灯古佛、

观音菩萨、文殊菩萨诸像，形象生动传神，堪称精美绝伦！燃灯古佛法相古朴庄严，神情恬适静谧、安详；观音菩萨为持柳枝法相，文殊菩萨为持剑法相，面相丰满端庄，细口娥眉，上身袒露，颈饰璎珞，衣质贴身，隽秀优美，纹饰飘逸，气韵生动，造型完美，栩栩如生。呈现一派神秘祥和的氛围，既表现了内在的宗教气质，又体现了乾隆皇帝特有的精神信仰和审美意趣。

“圆灵应现”殿后南北两侧各设置子门一座，各嵌两副对联，但均已残损。如残联一：□□□□□□□，十笏齐□□雨霏。残联二：□□□□□□□，磬声徐出远林间。残联三：身行随现吉祥地，鼻观常参清净香。上钤“奉三无私”椭圆玺；下钤“惟精惟一”“乾隆宸翰”两方玺。后苑怪岩奇石丛中竖立的“抱云挂月”“太华飞云”石刻，是对香山永安寺仙山琼阁紫气萦回自然

远眺香山寺

之貌的形象描写。

再次，是其碑文、石刻、匾额、楹联中所用的玉玺印文，雅致秀美，寓意深刻。如“德日新”“存诚主敬”“所宝惟贤”等等，正如乾隆皇帝所云:“夫天子宸章，择言镌玺，以示自警，正也。”从这些珍贵的印玺中可以感受一代帝王的境界与修为。

香山寺坛城

第四，乾隆时期寺院殿宇中陈设可谓丰富而精美。其中金、银、珠、玉、铜、锡、漆、佛像、塔龛、供器以及御笔字画、玉器、匾对、法帖、书籍、册页、挂轴、经卷、桌张等数万件。因在布局中引进坛城建筑，故其陈设佛像更显特殊，殿宇内供奉数十尊藏传佛像，如：南北坛城供铜呀吗哒噶佛、铜玛哈噶拉佛、铜吉祥天母、铜上乐王佛一尊，铜智行佛母、铜永保护法,“薝蔔香林”阁内供奉着秘密佛（欢喜佛）、上乐王佛（父续）、呀吗哒噶佛（母续）等，充分体现了汉藏佛教之合璧。

香山大永安禅寺宛如一幅立体的山水画卷，其匾额、碑刻、楹联、图画及玉玺印文等，既营造了古朴典雅的文化气氛，又拓宽了园林意境的内涵和外延，使园林景观产生了“象外之象、景外之景”的意蕴，创造出令人神往的美学意境。

抚今追昔，香山大永安禅寺拥有千余年的历史，蕴藏深邃的文化内涵，其园林建筑因地制宜，追求“天然之趣”，巧妙地与自然山水融为一体，体现崇尚自然、师法自然，中得心源、意在笔先的意境之美，达到了自然美与人工美的和谐统一，堪称中国古典园林建筑艺术中的一枝奇葩。

附：香山永安寺始建年代考

《金史·世宗纪》载：“大定二十六年（1186）三月，癸巳，香山寺成。幸其寺，赐名‘大永安寺’，给田二千亩，栗七十株，钱二万贯。”乾隆十一年（1746）御制香山寺诗序中也写道：“寺建于金世宗大定间，依岩架壑，为殿五层，金碧辉映。”

秋日香山寺

清后期以来，一些有关香山寺始建年代的记述，率多引用两出处。但据《日下旧闻考》转引《金史·胡砺传》称：“天会间，大军下河北，胡砺为军士所掠，行至燕，亡匿香山寺。”查“天会”为金太宗在位时使用年号，其后金熙宗也一度继续沿用，共历十五年。即使是天会末年（1137），也比大定二十六年（1186）提前达四十九年。

明代万历年间宛平知县沈榜编著的《宛署杂记》，也记载了明成化五年（1496）大学士商辂的《香山永安寺记》，其文曰：“香山在都城西北三十里，以山有大石如香炉，故名。盖胜境也。永安寺创自李唐，沿于辽金，兴废莫详，而遗址仅存……”这记载又把香山永安寺的始建年代提前到了唐朝，而且围绕香山永安寺又出现另一唐代佛教建筑——妙高堂。《宛署杂记》中记载：“妙高堂，古名。唐以来有之，即今（明代）东方丈处。”

香山地势雄伟，层嶂叠拥，秀峰相连，水源丰沛。唐朝正是我国佛教鼎盛时期，当时在西山一带兴建的寺宇建筑很多，这样，编者对香山寺的始建年代提出质疑，但由于时间紧促，编辑人员所查到的资料甚少，还待以后继续考证。

晞阳阿

晞阳阿为静宜园二十八景之一，位于森玉笏西北侧，又称朝阳洞。源自屈原（前339—前278）《九歌·少司命》“与女沐兮咸池，晞女发兮阳之阿；望美人兮未来，临风怳兮浩歌”。（译文：同你一起沐浴于天上咸池，在太阳升起的山谷把你的秀发晒干。遥望美人仍未来，我迎风恍惚地高唱。）乾隆皇帝引用此典故在香山静宜园营造二十八景之一晞阳阿，其景观境域秀美，寓意深刻而

晞阳阿—观音阁

隽永，意境浪漫而优美。

咸池，指日入之地。古人认为西方王母娘娘拥有很多年轻貌美的侍女，而咸池是专供仙女洗澡之地；阳阿：古代神话中的山名，朝阳初升时所经之处。

屈原所作的《九歌·少司命》辞采华丽，韵味深长。通过少司命与大司命的对唱，演绎一曲人神爱恋之歌。

乾隆皇帝被西藏格鲁派领袖尊奉为天地之主宰文殊菩萨化身，天命大皇帝，转生为法王佛方王。在此处建造观音阁供奉观音菩萨，其意义不言而喻，蕴含着通过大司命与少司命的对唱之典，隐含着代表智慧、聪颖和现实的文殊菩萨与具有108个化身大慈大悲、解一切苦难观音菩萨的对语。

据史籍记载：晞阳阿之地自古为仙人炼丹之处，其山谷架设有石质丹炉。南有一座高大的石壁，卓立如伟丈夫，下有石窟，深广盈丈，俗呼朝阳洞，内有清泉一眼，洞内供奉龙神像一尊。洞外向南石上刻“朝阳洞”三个大字。乾隆十一年（1746）御制《晞阳阿》诗曰：“我初未来此，雾壑尔许深。扫石坐中唐，一畅平生心。仰接天花落，俯视飞鸟沉。自惟昔岂昔，乃知今匪今。”其文记述到此仰接宛似天花细雨、俯视飞鸟翱翔，顿悟古今的畅怀心境。

乾隆皇帝充分因借朝阳洞之地，在洞上建造了三楹硬山观音阁一座，坐北面南，内供奉观音菩萨一尊，悬黑漆红字乾隆御书“净界慈云”匾额；殿内龛上悬御笔“现清净身”匾额。观音阁西建重檐四角攒尖顶延月亭一座，可观山中之月，亭檐

晞阳阿—延月亭

向东悬御书匾额。

朝阳洞东建一座四楹歇山晞阳阿殿，坐西面东，外檐向东悬御书粉油蓝字“晞阳阿”匾额。

晞阳阿为一处独立景区，其殿前御路建有两座牌楼，东坊匾额为“萝圃”“秀岑”，西坊为“丹梯”“翠幄”。从其坊题额可以体会到乾隆皇帝引经据典给予此景观的特殊意义。丹梯，寓意为山高峰入云霞处，也称山上升仙之路。翠幄、烟萝，草树茂密，烟聚萝缠，道家称幽居或修真之处。

晞阳阿坐落在面西朝东的山坳里，西、南、北三面翠峰叠嶂，崖壁萦回，石壁下古甃流清，面东境域开阔，视野无垠，俯万寿山、玉泉山，香岩、来青缥缈云外。特殊的地理环境，使其负阴抱阳，冬暖夏凉，尽享眺望之美，尽观云雾时聚时散，舒卷变幻。

乾隆皇帝曾 14 次到此地游览、祈雨并留有诗文，其诗文真实、质朴、自然地记录当时的场景，从中可以品味到乾隆皇帝每次到来都对此景给予着视事理政、思臣思相、登高览胜、问农观稼、散志澄怀不同的情怀。晞阳阿景区建筑于 1860 年被英法联军焚毁。

2015 年 12 月按照清宫档案全部修复。其建筑组群由晞阳阿、观音阁、延月亭和供奉龙神的“朝阳洞”构成。游览晞阳阿，可以体会到集君王、哲人、诗人、艺术家、造园家于一身的乾隆皇帝对这片山林寄予的奇思妙想,通过构筑“神仙境界”营造了“人间仙境”“仙人共一”的意境。

欢喜园

欢喜园位于香山寺文殊殿后，始建于乾隆二十年（1755），其名源自佛经中天宫三十三天中第八天，欢喜园天，为天宫中一园。据《起世经》记载：“欢喜园中亦有二石，一名欢喜，二名善欢喜，天然所成，亦各纵广五十由旬，柔软润泽，触之如触迦旃邻提衣。”“坐在石上，心受欢喜，意念欢喜，念已复念，受诸快乐，受乐乐已，复受极，是故诸天共称彼园，以为欢乐。”乾隆皇帝十分喜爱此地，共计题诗三十二首，其诗多以收复边陲、剿匪得胜、农桑丰收引为开心欢喜之意。如“今朝欢喜知真趣，万顷良田积玉同”。“俯畅真欢喜，方方绿麦芃”。“菁葱绿麦弥野

欢喜园

铺，信是人间大欢喜”。“欢喜在农田，而岂在风幡”。“屡胜革心允求降，喜必有双合前旨”。表达君王将园林作为栖居，融宗教之乐与心系国是农事，寻求大乐的心境。

欢喜园是自成格局的庭院，背倚青山、古树环列、幽静别致，由欢喜园殿、得象外意、从云亭、游廊等建筑组成。院落的东南和西北角分别建有牌楼，东南角为纡青、延绿，西北角为栖霞、停霭。其园林巧妙地将蟾蜍峰（乳峰山）借入园中。乾隆十一年（1746）御制《蟾蜍峰》诗序曰：“香山寺西冈，巨石侧立如蟾蜍，哆口张颐，睅目皤腹，昂首而东望。尝谓宇宙间石为最顽，而肖物象形，往往出人意表……”1860 年被英法联军焚毁。1997 年 10 月按样式雷图纸复建。建筑面积 450 平方米。

流憩亭 位于香山寺半山崖壁上，俯视四周境界无垠。有诗形容："扪萝穿绝境，流憩此峰巅。虎豹当人立，虬龙背日悬。瞀人堪寄射，伯子欲鸣弦。搔首青天上，临风一浩然。" 1996 年 5 月按照样式雷图纸及规制完成复建。成为观赏香山红叶，俯览香山寺全景的最佳之地。

流憩亭

玉华岫 于 1999 年复建竣工，复建了山门殿、天王殿、玉华岫、抱厦殿、邀月榭、溢芳轩、绮望亭、游廊等，面积 728 平方米。其大雄宝殿及皋塗精舍没有复建。由华宇星设计所设计、园林古建公司施工，使其得以再现昔日风姿。

玉华岫

栖月崖　位于森玉笏东北，始建于清乾隆年间，为静宜园二十八景之一。此处山川奇秀，景色宜人，为乾隆皇帝赏月之地，原建筑由乐此山川佳殿、得趣书屋、倚吟殿等组成。1860 年被英法联军焚毁。其遗址建筑在民国时期修建为私人别墅，并更名栖月山庄。

2015 年 12 月，栖月崖景区建筑组群按照清宫档案得到全部修复，复建的建筑面积为 600 平方米，由五间乐此山川佳殿、倚吟殿、得趣书屋、四方亭及游廊等组成。

云巢亭　位于森玉笏北，栖月崖西南沟内一高台之上，因雨后观云霞升起之处而得名。建筑为单檐八柱圆亭。1860 年被英法联军焚毁。

云巢亭仅剩台基部分，且被土层及植物覆盖，经清理后显露出部分柱顶石、阶条石及散水，亭子遗址清晰可辨，其亭东侧及南侧均为沟壑。云巢亭这座寄予"天圆地方"思想的圆亭于 2015 年 12 月得以复建，周边清理了山泉沟道，恢复了水系，再现了登临眺望的景观，让游客既可以休憩，又可以欣赏建筑之美。

重翠崦　位于玉华岫西北，为静宜园二十八景之一。有三间歇山式正殿，配殿一座三间，方亭一座，其东侧有寿康泉及龙王堂一座。重翠崦景区于 2015 年 12 月按照清宫档案其建筑组群得以全部复建，有重翠崦殿、配殿、耳房、方亭、龙王堂等，共计 287.31 平方米。

玉乳泉　为静宜园二十八景之一，位于中宫西端，由三间玉乳泉殿、致佳亭、鹦集崖亭组成。其处有山泉一眼，泉水丰沛，

云巢亭

玉乳泉

常年不溢不竭，下设池沼六处，古树林立，景色极佳。其周边乾隆御题“仙掌”“玉乳泉诗”“罗汉影”“一拳石”“《春望》诗”“藻绿垂伸”等石刻保留完好。

2010年10月，除鹦集崖亭外，玉乳泉殿、致佳亭得以修复，鹦集崖遗址清理出玉观音像一尊。在此处小憩可以获得听泉览景、静心冥思的意境。

烟霏蔚秀

烟霏蔚秀 始建于清乾隆年间，紧邻玉华岫。

2015年12月，按照清宫档案修复了烟霏蔚秀建筑组群。建筑组群由正殿、配房、游廊、亭子、大门组成。此处古树环围，居高临下，视野无垠，四季景色秀美，可享受“烟霏蔚秀”之美。

绚秋林

绚秋林 为静宜园二十八景之一。原建筑为四面出轩单檐十字歇山式带装修的方亭，为乾隆皇帝赏秋佳地，1860年被英法联军焚毁。其景区周边巨石林立，有乾隆御题“叠翠”“萝屏”“翠云堆”“留青”等石刻，至今保留完好。

2013年完成对绚秋林遗址考古，遗址清晰，尚保存柱顶石、阶条石，本着“修旧如旧”原则，经打点归安，缺失的按现状添配，于2015年12月按照清宫档案绚秋林得以复建，并对游客开放。复建建筑面积50平方米。新做台明，地面新做尺四方砖细墁，台明以上大木构件原样恢复，现状道路影响到亭子平台，因此要将平台加大。复建后的绚秋林为敞亭，成为游客赏秋览景之地。

香雾窟

香雾窟 为静宜园二十八景之一。2001 年 7 月将原基廓清，复建了“香圃”牌楼。2003 年 7 月在遗址基础上对香雾窟、游目天表、集虚室、镜烟楼等主体建筑进行了复建，基本再现了原有风貌，复建的建筑面积为 706 平方米。其二层“竹炉精舍”未复建。

2013 年完成对小有亭及三个牌楼的遗址考古工作，其遗址尚存部分阶条石、海墁条石及礓礤坡道。小有亭遗址破坏较严重；牌楼原建筑已无存，但柱基遗址清晰，牌楼共设三处，位于香雾窟景区东、南、北三个方向，均为景区出入口，于 2015 年 12 月按照清宫档案完成复建工程。

小有亭

小有亭为一层四柱方亭，亭子基础为新作，虎皮石台帮，大木构件，屋面全部按原样修复，四面坐凳楣子、吊挂楣子。

三座牌楼形式均为二柱一间一楼柱冲天牌楼，重昂五踩斗拱，2 号筒瓦悬山屋面。东额坊上嵌乾隆御题月境、虹梁，南额坊上嵌丹梯、翠壑，北额坊上嵌攒萝、环绮。

青未了

青未了 为静宜园二十八景之一。位于翠微亭对面山巅，始建于清乾隆年间，五间四面环廊歇山式带装修建筑，取杜甫《望岳》诗意而命名。

2013 完成对青未了历史建筑的考古工作，其遗址清晰，于 2015 年 12 月按照清宫档案修复。修复后的青未了为单体建筑，建筑形式为三间周设围廊歇山敞轩式。游客登临此处可以领略杜甫《望岳》诗："岱宗夫如何，齐鲁青未了。造化钟神秀，阴阳割分晓。荡胸生曾云，绝眦入归鸟。会当凌绝顶，一览众山小"的意境。

雨香馆廊道

雨香馆 为静宜园二十八景之一。

2013 年完成对雨香馆景区的考古工作，其遗址清晰。于 2015 年 12 月按照清宫档案雨香馆景区得以修复，建筑组群由雨香馆（遗址）、南北宫门、北配房、翠微山房、洒兰书屋、林天石海、揽秀亭、西宫门及游廊组成。由于雨香馆遗址上生长着两株柏树，其建筑未能复建。

1996—2016年修复、修缮及改造景观基本情况

建筑名称	建筑面积（平方米）	复建竣工时间	备注
流憩亭	26平方米	1996年5月	修复
欢喜园	450平方米	1997年10月	修复
香雾窟	706平方米	2003年7月	修复
勤政殿	622平方米	2003年8月	修复
玉乳泉	60平方米	2010年10月	修复
昭庙白台	9100平方米	2012年9月	修缮
香山寺	3000平方米	2016年12月	修缮
致远斋	723平方米	2015年12月	修复
烟霏蔚秀	247平方米	2015年12月	修复
晞阳阿	226平方米	2015年12月	修复
青未了	118平方米	2015年12月	修复
绚秋林	50平方米	2015年12月	修复
雨香馆	811平方米	2015年12月	修复

碑文石刻

香山碑文石刻很多，主要由碑碣、经幢、石刻等组成，字体包括篆、隶、楷、草、行等，内容包括题记、志文、佛经、佛像、诗赋、题词、题额等，而现存石刻仅乾隆皇帝御题镌刻就有60余处，虽历经200余年，有些风化，但字迹清晰可辨，其碑文石刻承载着丰富的历史文化，蕴含着巨大艺术、史料和研究价值，弥足珍贵。

碑　文

明代

香山碑

香山，金人李晏有碑，其碑云：西山苍苍，上干云霄。重冈叠翠，来朝皇阙。中有古场曰香山，上有二大石，状如香炉、蛤蟆，有泉水自山腹下注溪谷，一号小清凉（清朝初年已废）。

香山永安寺记

明朝大学士商辂撰写。全文如下：香山在都城西北三十里，以山有大石如香炉，故名，盖胜境也。永安寺创自李唐，沿于辽金，兴废莫详，而遗址仅存。国朝正统间，司礼太监范公弘捐赀市材，命工重建，殿堂、楼阁、廊庑、像设焕然一新，规制宏丽，蔚为巨刹。事闻，乃赐额永安禅寺。于是请颁大藏经及护敕，俾僧众看诵，祝延皇祚，其用心勤矣。景泰中，特升天界寺住持道清以左又义同宗师行聚兼住领众。时太监王公诚，继志修葺，寺刹赖之。天顺、成化以来，累蒙颁赐经典，增饰绘像。戊子之冬，御马太监郑公同虑将来寺宇、田园、林木或致侵毁，请之于上，复赐敕谕禁护，以住持僧戒缙为右觉义主之恩典崇重，诚一时盛事。郑公谓不可无述以示后，徵予为记。惟天下事创于前者固难，而维持保护于其后者尤难。矧佛以慈悲为教，虽死生轮回，天堂地狱之说，甚足以警惧于人，然初无形迹，无证验，无声色，无成怒，一时人心在佛，则佛在人心，翕然而从，欢然而趋。虽舍施其身，有弗暇惜，况于财乎？况于力之所可为乎？苟人心一或自懈，则视佛为无佛，非惟慢之，且从而背弃之者多矣。噫！此寺之所由兴废也欤。惟善人信士好之笃而崇之专者乃不然，念念在佛，无一念而非佛，时时在佛，无一时而非佛。夫然后殿堂之葺饰，像设之庄严，林木之兹培，田园之垦辟，始如是而终亦如是，前如是而后亦如是，虽百年犹一日，果何有于堕坏，亦何有于侵夺？惟是永安禅寺，下而诸公，崇奉愈久而益虔；上而列圣，护持有加而无已。则自今以往，杰栋峥嵘，将与香山同其久远，晨钟暮鼓，祝厘祈福，使其徒永有所归向，非徒为一时观美而已。用是为记，俾刻之石以示其后人，庶览之者有所感发焉。成化五年立。（注：此碑刻清初已废。）

清代

圣祖（康熙皇帝）御制娑罗树歌

娑罗珍木不易得，此树惟应月中植。想见初来西域移，山中有人多未识。海桐结蕊松栝形，千花散尽七叶青。山禽回翔不敢集，虚堂落子风泠泠。楚州遗碑今已偃，峨眉雪外双林远。未若兹山近可游，灵根终古蟠层巘。繁荫亭午转团圞，回睇精蓝路几盘。凭教紫府仙山树，写入披香殿里香。

高宗（乾隆皇帝）御制娑罗树恭依皇祖元韵

树闻如意随求得[①]，梵典曾标鹿苑植。层层幢节古佛前，碧眼番僧来尚识。东土西天岂定形，飞来灵鹫千云青。安知此树不忆石，凶风作语犹泠泠。七叶茏葱湘盖偃，纵移根越千年远。益部楚州疑附会，那睹月木依云巘[②]。如桐如栝影团圞，雪覆霜凝翠郁盘，不殊调御丈夫倚[③]，曾沐曼殊师利看[④]。乾隆十一年御制。

高宗（乾隆皇帝）御制宗镜大昭之庙六韵

现碑尚存于昭庙遗址，碑上原文如下："乾隆四十五年御制昭庙六韵：昭庙缘何建？神僧来自遐。因教仿西卫（既建须弥福寿之庙于热河，复建昭庙于香山之静宜园，以班禅远来祝釐之诚可嘉，且以示我中华之兴黄教也。是日自谒陵回跸至香山落成，班禅适居此庆赞。又昭庙肖卫地古式为之。卫者番语谓中，俗谓之前藏。班禅所居后藏乃实名藏，藏者善也），并以示中华。是日当庆落，便途礼脱阇（见楞严经注，唐语谓法幢也）。黄衣宣法雨，碧幛散天花（是日本晴，甫至经坛乃微雨，皆以为散天花之喜云）。六度期群度，三车演妙车。雪山和震旦，一例普庥嘉。

①梵云噶尔布喇瓦喇斯，此云如意树，即娑罗树也。

②娑罗花佛日盛开，每朵十二瓣，遇闰辄多一瓣，故云月木，见《云南志》。

③用涅槃经事。

④原注：乌斯藏进表皆称曼殊师利大皇帝。曼殊是佛妙观察智，更切音与满洲二字相近，故云。

高宗（乾隆皇帝）御笔香山寺石屏碑刻

香山寺正殿前有石屏一座。东面：中刊金刚经，左为心经，右为观音经；屏后（西面）恭镌高宗御笔燃灯古佛、观音、普贤诸像，并刻有御制赞语。石屏联曰“智镜光圆宏六度，心连香远演三乘。”“灵鹫风香传妙偈，澄潭月皎印真如。”“花雨轻霏结青莲法界，云峰郁起现白毫相光。”今古石屏及联偈尚存。

香山寺石屏正面

香山寺石屏背面

西山晴雪碑

位于香雾窟景区北侧山坡上。碑阳镌刻“西山晴雪”四字，字迹面南；碑阴镌刻乾隆十六年（1751）御制诗，字迹面北。诗序曰：“西山峰岭层矗，不可殚名。因居京城右辅，故以西山概焉。高寒故易积雪，望如削玉，今构静宜园于香山辄建，标其岭志之。”诗文曰：“久曾胜迹纪春明，叠嶂嶙峋信莫京。刚喜应时沾快雪，便教佳景入新晴。寒村烟动依林袅，古寺钟清隔院鸣。新傍香山构精舍，好收积玉煮三清。”

西山晴雪碑刻

石　刻

清代

“紫霞天”石刻

位于勤政殿后侧山石上，石刻字迹面东。现“紫”字已残。

“凤咮”石刻

位于勤政殿南侧的自然山石上，字迹面北。

“浮玉”石刻

位于多云亭东侧的自然山石上，字迹面南。

“知时”石刻

位于静宜园钟亭东侧自然石上，字迹面东。

《璎珞岩》诗石刻

位于瀑布水池南侧，石体约0.5米见方。为乾隆定名二十八景之一，诗曰：滴滴更潺潺，琴音大地间。东阳原有乐，月面却无山。忘耳听云梵，栖心揖黛鬟。饮光如悟此，不复破微颜。

《翠微亭》诗石刻

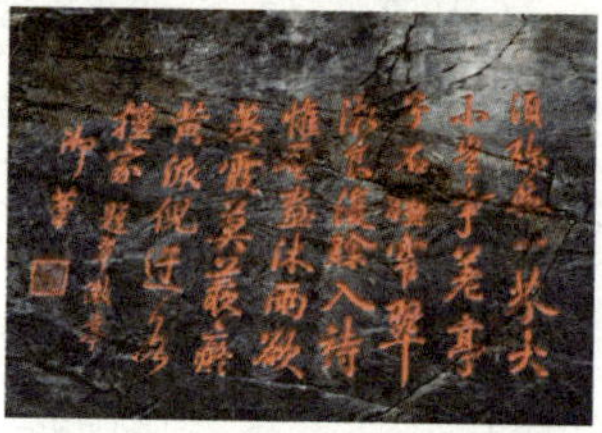

位于亭东侧山崖石壁上，石刻为乾隆定名二十八景之一，诗曰：须弥与一芥，大小岂争差？亭子不嫌窄，翠微良复赊。入诗惟罨画，沐雨欲蒸霞。莫羡痴黄派，倪迂各擅家。

“双清”石刻

位于双清别墅院内西侧的峭壁上，字迹面东。

双清经幢

原松坞云庄正门内，东西两侧各矗立一座八角形石经幢，经文纵向，东侧经幢为《金刚般若波罗蜜经》，西侧经幢为《药师如来本愿经》(经文内容省略)。

双清石屏联

位于双清下院西北侧，字迹面南。联曰：

翠竹满庭瞻法相

白云一坞识宗风

“知乐濠”石刻

香山寺前放生池的池栏板上，字迹面北。

《娑罗树歌》碑

在香山寺遗址台阶路北，碑铭：震旦号交让，梵天称娑罗。交让虚名谁则见？娑罗实有而弗多。徒传巴陵及伊洛，佛宇对峙耸枝柯。香山寺前今见一，千年外物犹婆娑。

巨本拥肿干埴堁，轮囷如岳森嵯峨。郁葱叶叶必七瓣，定力院契欧阳哦。我闻如是佛成道，八佛八树名殊科。毗舍浮证涅槃际，即此娑罗诚非讹。梵僧攀泣思往事(见荆南记),未识佛在理则那。笑我卅年未经咏（癸亥始游香山，至今三十年矣，成诗不下数百首，而未经咏此树），或者有待今斯过。万劫一瞬应视此，视此灵根戢჻恒。友优昙,(拘那含牟尼佛成道树)及普陀（毗婆尸佛成道树）。

《娑罗树》诗碑刻

在“娑罗树歌”石碑额首，字迹面南。诗曰：香山寺里娑罗树，种自何年不得知。翠色参天叶七出，恰如七佛偈成时。

香山寺石屏

阳面自左至右镌刻《般若波罗蜜多心经》《金刚般若波罗蜜经》《八大人觉经》(碑文略)。

阴面自左至右镌刻“观音菩萨”“燃灯古佛”“文殊菩萨”像及赞语。

左侧像左上方镌刻“观音菩萨赞”：“水在瓶中，风还柳上。风水相遭，如是现相。兜罗帕首，端坐佛陀。不可思议，合掌摩诃。”

正中像左上方镌刻“燃灯古佛赞”：“威音那畔，周穆王时。孰今孰古，不即不离。偶然示现，丈六金身。朗朗满月，蔼蔼光春。衣水纹衣，无言袖手。试问三乘，能外此否。吴门高第，曰惟贯休。重摹真迹，法喜随流。”

右侧像右上方镌刻“文殊菩萨赞”：“把卷执钔，祛魔庶生。是以臣子，无虑无营。不生何度，万魔何祛。设曰诸进，视此□□。”

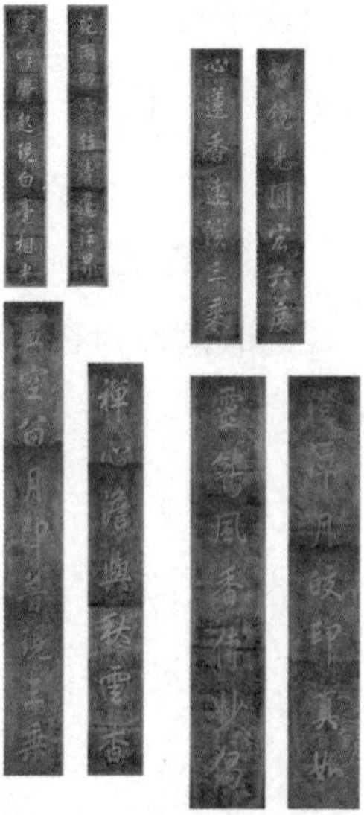

香山寺石屏楹联

共有5副。

阳面中联：

花雨轻霏结青莲法界

云峰郁起现白毫相光

次联：

智镜光圆宏六度

心莲香远演三乘

阴面中联：

□□□□□□□□□□

虚空留月印普现三乘

次联：

禅心澹兴秋云杳

□□□□□□□

石屏两侧楹联：

灵鹫风香传妙偈

澄潭月皎印真如

抱云挂月

位于香山寺后苑区北侧山石间，刻字面东。

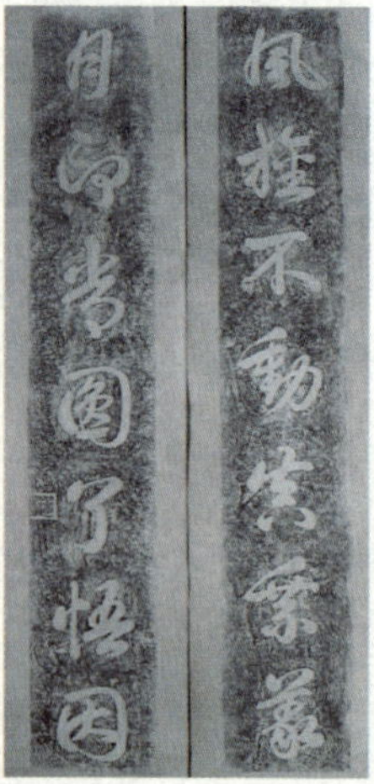

无量殿联匾

此联匾均为石质，门额为：楞伽妙觉；

石联曰：

风旗不动真乘义

月印常圆了悟因

玉乳泉诗

有二首：其一位于玉乳泉遗址处，字迹面东，诗曰：乍可微风拂，偏宜皎月涵。西湖不千里，当境即三潭。演漾冈峦影，卷舒晴雨岚。灵源何处是？一脉试寻探。

其一位于玉乳泉出水口处北侧山边面南的自然石上（现移至碧云寺“千年香山”展室陈列）。诗曰：一泓堪作镜，几曲忽鸣琴。象与体无涉，名非实可寻。若为相假借，藉以入哦吟。揭而归澄观，悠然彻远心。

山泉经雨壮，石罅喷珠花。便拾松燃火，因揩瓯沦茶。底须开北户，雅称读南华。移得筼筜绿，垂枝几个斜。

香山春望诗

位于玉乳泉至雨香馆路上的形似拳头的自然石上，其字迹面西。诗曰：烟景不胜赏，春山渐可登。谁知初试步，即是最高层。花意寒犹怯，苔痕嫩欲蒸。东郊举趾者，历历入吟冯。

仙掌刻石

位于玉乳泉遗址北侧形似手掌的石壁上，“仙掌”字迹面东，大可近尺。

藻绿垂绅刻石

位于玉乳泉第三个池塘自然石上，字迹向东。乾隆御笔。

叠翠

位于绚秋林遗址处，字迹面西北。

削玉

位于雨香馆遗址北侧的自然山石上，字迹面东南。

卓笔

位于雨香馆宫门外北侧的自然山石上，字迹面南。

翠云堆

位于雨香馆宫门外路南的自然山石上，字迹面北。

萝屏

位于雨香馆宫门外路南的自然山石上，字迹面北。

留青

位于雨香馆宫门外路南的自然山石上，字迹面北。

飞秀

位于洪光寺门前十八盘至绚秋林路旁的自然山石上，字迹面北。

蔚秀

位于重翠崦至平台景区路南的自然山石上，字迹面东。

晞阳阿

共有 10 首诗刻于景区石壁上。

其一，乾隆二十八景之晞阳阿诗，在朝阳洞石壁上。诗曰：我初未来此，雾壑尔许深。扫石坐中唐，一畅平生心。仰接天花落，俯视飞鸟沉。自惟昔岂昔，乃知今匪今。

其二，在朝阳洞东“写秋容”石壁上，诗曰：古洞香山隩，锡名曰晞阳。盘盘历曲栈，宛宛成回冈。精舍构云哨，冬暖夏复凉。四序无不佳，斯时景最良。一窗暖日明，万嶂石林苍。冰泉哀玉声，霜叶水晶光。近郭与远村，烟里辨微茫。披卷晤古人，获我中心藏。

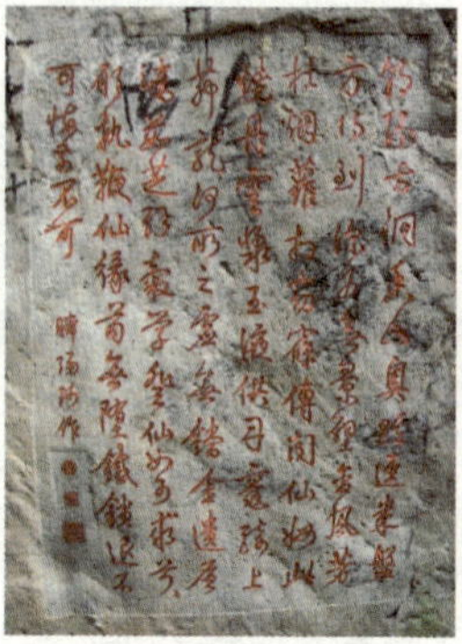

其三，在“延月亭”遗址石壁上。诗曰：朝阳古洞香山奥，蹊径几盘方得到。深谷无景壁含风，芳杜烟萝相窈窕。传闻仙姥此烧丹，云浆玉液供丹灶。骑上茅龙何所之，虚无铛金遗层峤。茹芝辟谷学登仙，如可求兮愿执鞭。仙缘苟无堕铁锁，退不可悔前不可。

其四，在朝阳洞石壁。诗曰：崿嶂倾崖间，仄蹊凡几转。数息亦既到，穹洞岩之半。宛而复中隆，随宜置山殿。取朴弗取华，好山围四面。憩坐吟我诗，亦以歇人倦。山鸟弄春声，可听不可见。

其五，在朝阳洞石壁。诗曰：尚有最高处，宁当孤此来。千林入葱蒨，一室坐徘徊。聘望既以远，托情无不该。夏凉冬则燠，牝洞具神裁。

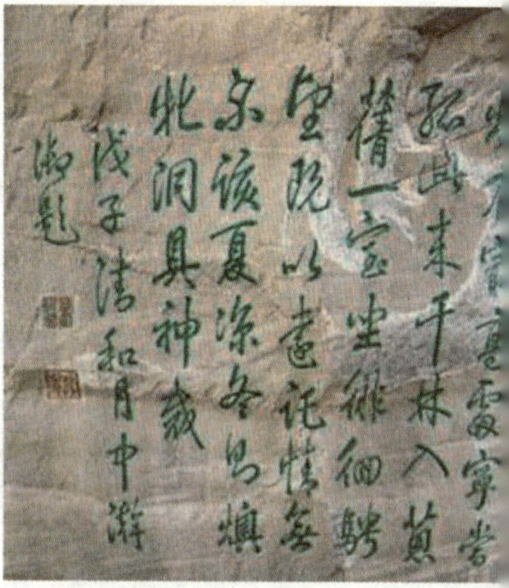

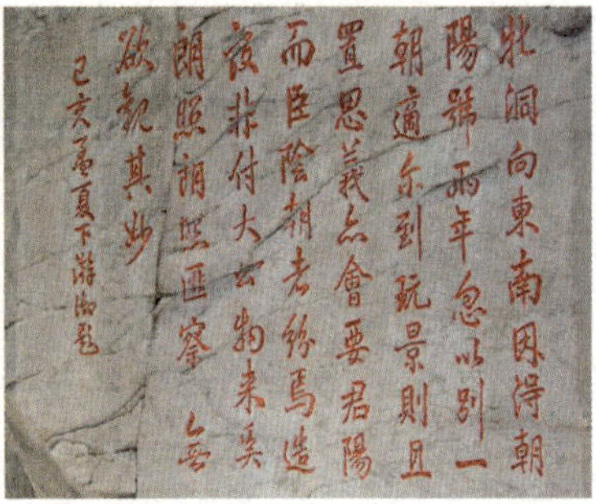

其六,《朝阳洞有会》刻在朝阳洞石壁。诗曰:牝洞向东南，因得朝阳号。两年忽以别,一朝适尔到。玩景则且置,思义亦会要。君阳而臣阴,朝者纷焉造。设非付大公,物来奚朗照。朗照非察察,无欲观其妙。

其七,《朝阳洞口号》刻在朝阳洞石壁。诗曰：回峦深谷朝阳处，樸斫三间静且便。雨后山风浑觉冷，片时向暖也宜然。

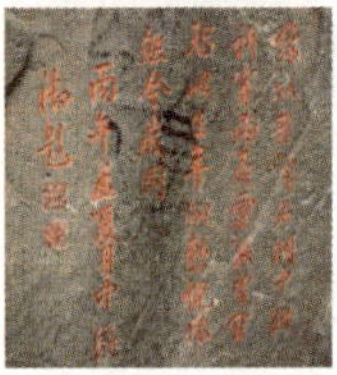

其八,《朝阳洞作》刻在朝阳洞石壁。诗曰：静室据峰顶，其隩则斯洞。隩乃受曦处,朝阳名久中。洞中塑天龙,雨旸所司统。致拜祈甘泽,继润佑农种。劳躬非所虑,泽物申诚贡。不必更升高,升高恐劳众。

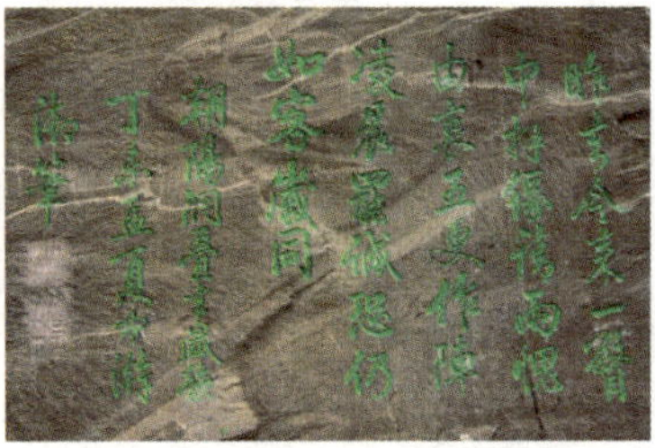

其九，刻在朝阳洞石壁。诗曰：像设龙神石洞中，拜祈膏雨尽虔衷。望空恐似去年例，惭愧依然今岁同。

其十,《朝阳洞叠去岁韵》位于朝阳洞石壁。诗曰：昨去今来一瞥中，拜缘请雨愧由衷。五更作阵凌晨罢，诚恐仍如客岁同。

朝阳洞

刻石位于朝阳洞洞口上檐，字迹面南。

芙蓉坪

诗与题字均刻于芙蓉坪东北侧峭壁上。诗曰：足底生云霞，臂左招星辰。振衣千仞冈，此语诚可人。到来每徘徊，欲去重逡巡。翘首眺青莲，堪以静六尘。

涌鳌

位于芙蓉坪院内的自然山石上，字迹面东。

垂云

位于玉华岫西南侧山沟边的巨石上，字迹面东。

阆风

位于阆风亭南侧一剑石上，字迹面南。

森玉笏

石壁共留御题诗3处，“森玉笏”石刻1处。

其一，五言律诗一首。诗曰：回冈纷合沓，峻岭郁嵯峨。俨若千夫立，森然万玉罗。色无需藻绘，坚不受砻磨。山伯朝天阙，圭璋列几多。

其二，七绝4首，其中“山行四绝句”字迹风化严重。诗曰：山行不约险和夷，揽景惟因意与宜。风过树阴益觉爽，云依峰顶自为迟。

凭高俯下最怡情，近郭遥村景毕呈。忽向其间生转念，汉章诏戒刻为明。

黍禾长夏麦将秋，此际真宜时雨优，近每作云风每妒，慰心无几盼仍愁。

虽然章奏日常披，究觉余间自愧之，情跸明当御园返，便宜新得数篇诗。

其三，七言律诗一首。诗曰：将谓山庄秋景孤，静宜今日正酬吾。风轻不碍筍舆涉，云净偏资螺岫图。淡绿深红迷目色，松涛泉瀑杂人呼。兹番本欲简吟笔，结习难忘自哂乎。

昭庙六韵碑

位于宗镜大昭之庙院内。

碑首“御制”二字。

碑身诗曰：昭庙缘何建？神僧来自遐。因教仿西卫（即建须弥福寿之庙于热河，复建昭庙于香山之静宜园，以班禅远来祝釐之诚可嘉，且以示我中华之兴黄教也。是日自谒陵回跸至香山落成，班禅适居此庆赞。又昭庙肖卫地古式为之卫者。番语谓中，俗谓之前藏。班禅所居后藏乃实名藏，藏者善也），并以示中华。是日当庆落，便途礼脱阇（见楞严经注，唐语谓法幢也），黄衣宣法雨，碧嶂散天花（是日本晴，甫至经坛乃微雨，皆以为散天花之喜云）。六度期群度，三车演妙车。雪山和震旦，一例普庥嘉。

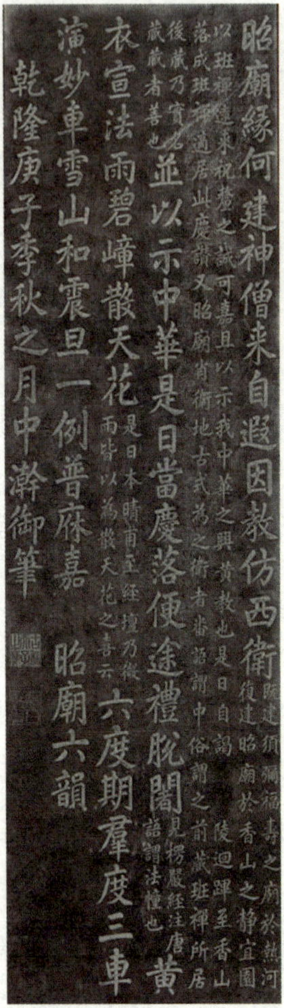

“卧龙”刻石

刻于“绚秋林”旧址下侧石路旁卧地青石之上，为清高宗御笔。今石刻尚存。

“峰回路转”刻石

刻于重翠崦西侧路边巨石上。

民国时期

熊希龄诗刻

在静宜园森玉笏石壁上，刻有熊希龄于1922年5月写的一首诗，字迹清晰，上曰："远看塔影漾湖波，又听群山唱晚歌。为念众生无量苦，万山深处一维摩。丹炉石洞话前因，汉武秦皇迹已陈。欲学长生终是幻，倚栏却忆散花人。"小字题记曰："余久病未愈，乃率童子军游森玉笏，即支帐住宿于此，以诗记之。壬戌五月凤凰熊希龄"。

梅兰芳石刻

位于静宜园晞阳阿西北路上端，一块巨石突立其间，1931年著名京剧艺术大师梅兰芳亲笔在该石上刻下两米见方的"梅"字，在"梅"字的右下方刻有"兰芳"二字，左下方刻有小字题记，曰："壬戌二十有四日，肃紫亭、齐如山、梅兰芳、王幼卿、李释堪同来，兰芳写梅，释堪题记，香山游者虽多未必遂登此石亦足以自豪矣。齐如山监刻。"巨石上的字迹清秀、俊逸。现该石刻周围环境得到较好整治，已成为许多游客寻觅欣赏的著名景观。

现代

翠微

镌予芙蓉馆遗址下东南侧路旁石壁上，为书法家大康书。字迹向北。字刻于1986年。

香山公园八百周年纪念石刻

刻于芙蓉馆遗址下东南侧路旁石壁上，其诗文曰：“紫抹香山赤，凤鸣古木秋。幽云明眼底，天际是年畴。”为书法家吴伯奇所书并赋诗，字迹向东南。字刻于1986年秋。

香炉峰

刻于鬼见愁山顶,为书法名人张荣庆所书。字刻于1988年秋。

鬼见愁

刻于鬼见愁山顶，为书家欧阳中石所书。字刻于1988年秋。

笑揽香峰

刻于香山索道中站上端牛犄角山的巨石上，字迹向东，为书法家欧阳中石所书。字刻于1988年秋。

知松

刻于1989年新辟景区知松园内，字迹向东，为书法名人苏福龄所书。字刻于1989年10月（1993年换成知松园石刻）。

枫林村

刻于香山别墅南侧月亮便门上，字迹向南，为书法名人苏福龄所书。字刻于1989年10月。

静翠湖

刻于静翠湖北侧路口立石上，字迹向北，为书法名人张庆元所书。字刻于1990年。

水帘洞

刻于眼镜湖西北侧流水叠石上，字迹向东南，为书法名人张庆元所书。字刻于1990年。

璎珞岩

刻于璎珞岩处石壁上，字迹向东，为书法名人王文良所书。字刻于 1990 年。

清音亭

刻于璎珞岩景区一大圆立石上，字迹向东，为书法名人王文良所书。字刻于 1990 年。

带水屏山

刻于静翠湖边，字迹向北，字刻于 1991 年。

知松园

于 1993 年立于景区内，高 5.5 米，宽 1.5 米，重 50 余吨，石为紫褐色，埋深 0.5 米。由书法家李达源题写，字迹直径 0.8 米。

香山御印

乾隆皇帝一生用过的印玺有1800余方。这些印玺内涵丰富，真实地反映着乾隆的情趣喜好、思想和行为。60余枚香山御印保留至今，具有丰富的研究价值。

高宗（乾隆皇帝）香山石刻御印

	**【乾隆御笔之宝】**朱文方印，园内现存2处，分别在东宫门“静宜园”匾额和“蔚秀”石刻上。
	**【乾隆御笔】**朱文正篆方印，公园现存9处。分别在“双清”“仙掌”“垂云”“西山晴雪”石刻、“翠微亭”诗、“法源演庆”“慧照腾辉”“灯在菩提”匾、碧云寺“西方极乐世界阿弥陀佛安养道场”石牌坊上使用。
	**【乾隆御笔】**朱文篆体方印，公园现存9处。在“朝阳洞”“留青”“翠云堆”“罗屏”“叠翠”“削玉”“飞秀”“知时”“芙蓉坪”等石刻上使用。
	**【乾隆御笔】**白文古篆体方印，公园现保存3处，在无量殿“楞伽妙觉”、碧云寺石塔“现舍利光”石匾额和香山寺“抱云挂月”石刻上使用。

（续表）

	【乾】【隆】“乾”朱文和“隆”白文方印，在公园内现有1处，即在《香山寺石屏观音像乾隆御赞》石刻上使用。
	【☰】【隆】“☰”字是我国古代占卜使用的八卦之一，为乾，代表天。印章“☰”两侧有两条龙，龙、隆音同，从读音和含义均表明：乾隆就是天龙。“☰”和“隆”一圆一方组合在一起使用正好是“乾隆”二字，亦有天圆地方之意境。 “☰”“隆”均为朱文，印外有万字回纹，现园内保存1处，在“西山晴雪”碑上使用。
	【☰】【隆】“☰”为朱文，“隆”为白文，并在一起使用，园内现有1处，在“晞阳阿”石刻诗上使用。
	【☰】【隆】【御书】三方印章均为朱文，一起使用，公园现保存3处。在《晞阳阿》《登碧云寺金刚床塔》刻诗和香山寺石屏“智镜光圆宏六度、心莲香远演三乘”联上使用。 【☰】【隆】二印均为朱文，一起使用，公园现保存2处，在香山寺石屏燃灯古佛像和《朝阳洞有会》刻诗上使用。
	【乾隆御笔】【所宝惟贤】“所宝惟贤”引自《尚书·旅獒》篇：“不宝远物，则远人格，所宝惟贤，则迩人安。”乾隆意图用此表白自己的重视人才。 “所宝惟贤”白文、“乾隆御笔”朱文，合在一起使用，现保存有1处，在《晞阳阿》刻诗上。
	【所宝惟贤】【乾隆御笔】“所宝惟贤”白文与“乾隆御笔”朱文一起使用。园内现保存2处，在《玉乳泉》诗和“浮玉”石刻上使用。

（续表）

	【所宝惟贤】【乾隆御笔】“所宝惟贤”白文、“乾隆御笔”朱文一起使用。公园现存4处，在“森玉笏”“碧云寺”的刻诗和“森玉笏”题额、双清院内石屏对联上使用。
	【所宝惟贤】【乾隆御笔】“所宝惟贤”朱文与“乾隆御笔”白文一起使用。公园现保存8处，在“香山春望”“玉乳泉”“1767年朝阳洞”“1768年朝阳洞”“1769年朝阳洞”“1769年碧云寺”“1773年碧云寺”“1774年碧云寺”等刻诗上使用。
	【万物静观皆自得】【四时佳兴与人同】出自宋程颢《秋日偶成》：“闲来无事不从容，睡觉东窗日已红；万物静观皆自得，四时佳兴与人同。道通天地有形外，思入风云变态中；富贵不淫贫贱乐，男儿到此是豪雄。” 【乾隆御笔】【万物静观皆自得】“乾隆御笔”白文与“万物静观皆自得”朱文在一起使用。公园现保存1处，在1748年乾隆御题“碧云寺”诗上使用。 【四时佳兴与人同】【乾隆宸翰】“四时佳兴与人同”白文与“乾隆宸翰”朱文在一起使用。公园现保存有1处，在1751年乾隆御题“碧云寺”刻诗上使用。
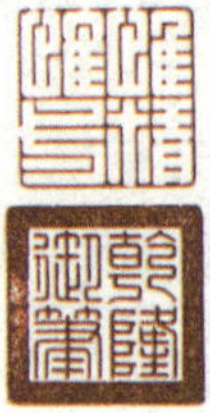	【惟精惟一】【乾隆御笔】“惟精惟一”引自《尚书·大禹谟》：“人心惟危，道心惟微，惟精惟一，允执厥中。”是指精妙纯一，精心一意，有精诚团结的意思。 “惟精惟一”白文粗道篆体与“乾隆御笔”朱文一起使用。园内现保存1处，在无量殿对联处。

（续表）

	【惟精惟一】【乾隆宸翰】“惟精惟一”白文粗道篆体和“乾隆宸翰”朱文在一起使用。公园保存5处。在香山寺石屏“灵鹫风香传妙偈、澄潭月皎印真如”对联、香山寺遗存“身行随□□□□”上联和“磬声徐出远林间”下联、“□□□参清净香”下联及罗汉堂“果正吉祥云三千已遍、观融功德水五百非多”对联上使用。
	【惟精惟一】【乾隆宸翰】“惟精惟一”白文和“乾隆宸翰”朱文在一起使用。香山现保存3处，在“璎珞岩”诗、“阆风”“卓笔”石刻上使用。 “乾隆宸翰”朱文印章单独使用，现公园存有1处，在“风味”石刻上。
	【乾隆宸翰】【惟精惟一】“乾隆宸翰”朱文和“惟精惟一”白文古篆体两印章一起使用，现公园保存2处。在1772年“碧云寺”刻诗和“娑罗树歌”碑上使用。 “惟精惟一”白文古篆体和“乾隆宸翰”朱文在一起使用，现保存有2处，在“紫霞天”“涌鳌”石刻上使用。
	【乾隆宸翰】【惟精惟一】“乾隆宸翰”朱文和“惟精惟一”白文篆体在一起使用。公园现保存2处，在香山寺石屏“心经”和“金刚经”上各1处。 【乾隆宸翰】朱文，现保存1处，在香山寺石屏“八大人觉经”上使用。

（续表）

	【陶冶性灵】【正谊明道】 “陶冶性灵”是修身养性、陶冶心灵的意思。“正谊明道”出自《汉书·董仲舒传》：“正其谊不谋其利，明其道不计其功”，体现中国传统文化的人文精神，成为历代儒生自我修炼的最高标准与境界。 【乾隆宸翰】【陶冶性灵】“乾隆宸翰”朱文与“陶冶性灵”白文两印章在一起使用，现存1处，在1752年“碧云寺”诗刻上。 【乾隆宸翰】【正谊明道】“乾隆宸翰”朱文与“正谊明道”白文在一起使用，现公园保存1处，在1749年“碧云寺”诗刻上使用。
	【乾隆宸翰】【存诚主敬】：《易·乾》有“闲邪存其诚”之句；《礼记·少仪》有“宾客主敬，祭祀主敬”之语。指恪守诚敬。“乾隆宸翰”“存诚主敬”均为朱文，放在一起使用。公园现保存1处，在香山寺石屏“花雨轻霏结青莲法界、云峰郁起现白毫相光”对联上。
	【乾隆宸翰】【得象外意】“乾隆宸翰”白文与“得象外意”朱文在一起使用。公园现保存1处，在香山寺石屏燃灯古佛像赞上使用。
	【万有同春】【得大自在】“万有同春”朱文和“得大自在”白文两印章一起使用。公园现保存1处，在香山寺石屏文殊像赞落款处。
	【古稀天子之宝】【犹日孜孜】“古稀天子之宝”出自杜甫诗句。“犹日孜孜”是指乾隆皇帝虽已是古稀之年了，仍如同过去一样，宵衣旰食的勤于政务。乾隆用此警句告诫自己要和过去一样孜孜不倦地勤政。 “古稀天子之宝”白文与“犹日孜孜”朱文两印章一起使用。公园现保存1处，在 “昭庙六韵”石碑铭文落款处。

（续表）

<table>
<tr><td>
</td><td colspan="3">【古稀天子之宝】【犹日孜孜】“古稀天子之宝”朱文与“犹日孜孜”白文两印章一起使用。公园现存3处，在朝阳洞1785年、1786年、1787年诗刻落款处。</td></tr>
<tr><td></td><td colspan="3">【古稀天子之宝】朱文方印，现保存1处，在“娑罗树”诗上使用。</td></tr>
<tr><td>
图一</td><td>
图二</td><td>
图三</td><td>
图四</td></tr>
<tr><td colspan="4">【德日新】引自《尚书·商书·仲虺之诰》：“德日新，万邦惟怀；志自满，九族乃离。”意思是：德行日日更新，万国归附；如果骄傲自满，亲戚也会疏离。
图一：公园共有2处。在双清石屏“翠竹满庭瞻法相、白云一坞识宗风”和罗汉堂“果正吉祥云三千已遍、观融功德水五百非多”对联上各1处。
图二：公园共有4处。在香山寺石屏“禅心澹兴秋云杳、□□□□□□□”和“香山春望”“玉乳泉”“晞阳阿”诗上使用。
图三：公园共有1处。在“璎珞岩”诗上使用。
图四：公园共有1处。在“浮玉”石刻上使用。</td></tr>
<tr><td colspan="2">图一 </td><td colspan="2">图二 </td></tr>
</table>

（续表）

<table>
<tr><td colspan="2">【奉三无私】引自《礼记 · 孔子闲居》：“天无私覆，地无私载，日月无私照。”
乾隆借天、地、日、月来勉励自己，以使自己有天、地、日、月一样宏大而无私的胸怀治理天下。
图一：公园共有2处。在1746年“晞阳阿”诗和1748年“晞阳阿”诗上使用。
图二：公园共有4处。在香山寺石屏 “灵鹫风香传妙偈、澄潭月皎印真如”对联、香山寺遗存 “身行随□□□□”上联、无量殿 “风旗不动真乘义、月印常圆了悟因”对联和“森玉笏”石刻上使用。</td></tr>
<tr><td></td><td>【静宜园】朱文方印，是乾隆皇帝为香山静宜园所镌刻。现无存。</td></tr>
<tr><td></td><td>【静宜园勤政殿之宝】朱文方玺印，是乾隆皇帝为香山勤政殿所镌刻。现无存。</td></tr>
</table>

诗文集萃

香山是一座历史悠久充满传奇色彩的名山圣地，自辽金、元明、清及近、现代史中，有诸多帝王及名人骚客走进过香山，可谓钟灵毓秀，他们留下了众多精美的诗文，或叙志抒怀、咏景状物，意境凝练而隽永，成为弥足珍贵的历史遗存。

诗 文

香山

[金]周昂

山林朝市两茫然，红叶黄花自一川。
野水趁人如有约，长松阅世不知年。
千篇未暇偿诗债，一饭聊从结净缘。
欲问安心心已了，手书谁识是生前。

香山八景诗

[元]萨都剌

（一）祭星台

章宗曾为祭星来，凿石诛茅筑此台。
野鸟未能随鹤化，山华犹自傍人开。
直期荧惑迁三舍，不向长庚劝酒杯。
梯蹬高盘回辇处，马蹄无数印苍苔。

（二）护驾松

銮舆西行日重辉，五老掀髯拱翠微。
风撼碧涛寒落座，鹤翻清露冷沾衣。
根柯夭矫蟠金辇，枝叶阴森障绣帏。

记得瑶池开宴处，萝花香里住旌旗。

（三）妙高堂

寻僧直上妙高堂，踏破松花屐齿香。
石壁烟霞侵客座，瓮窗花木照禅床。
九天图画开屏障，万壑风涛落院墙。
心远地偏成坐久，不知云气湿衣裳。

（四）松顶明珠

长柯偃蹇月禅娟，紫焰红烟满碧天。
万斛不从江底出，一丸常向树头悬。
云飞合浦光初散，烟暝徂徕影乍圆。
几度夜深清不寐，骊龙长抱卧重渊。

（五）丹井

自石方阑涌碧泉，辘轳声转落红铅。
一泓浅浸山头月，千尺深通海底天。
水拍银床砂正结，烟飞金鼎火初然。
梧桐叶坠霜华冷，问病人寻葛稚川。

（六）乳峰山

山腹双双翠出尖，游人原不厌观瞻。
露和石髓沾苔腻，雨带泉花溅齿甘。
雾幛轻笼遮隐隐，云襟半袒露纤纤。
儿童月下欢相指，天姥开怀照玉奁。

（七）金界香莲

金刹瑶池种玉莲，卷帘色相自天然。

红云朵朵浮波小，翠盖亭亭出水圆。
游人漫夸花似画，真人独爱叶如船。
湖西日暮停杯处，风送清香满座筵。

（八）仁王佛阁

高阁春来日惯登，云梯踏破一层层。
华龛净供三千佛，石榻斜分十八僧。
龙作人来听说法，猿随鹤去看传灯。
凭栏不厌频吟眺，树色山光处处增。

万寿宫馆舍作

[元]赵孟頫

来时残雪点征衣，落尽庭花尚未归。
梦里不知身卧病，春衫乡路马如飞。

灵应宫

[元]范梈

万花如绣拥朱宫，上界岩祠望碧空。
一十二时春百刻，日长半在鸟啼中。

游香山寺

[元]张养浩

山行弥日山益奇，乱峰挟翠纷参差。
游人如蚁度林梢，细路一线云间垂。

我来青帝已回驭，太古残雪犹离离。
一声啼鸩百花落，两崖红雨春淋漓。
蓬莱兜率杳何处，无乃造物移于斯？
斜阳忽将暝色至，山灵应怪归鞍迟。

题大都香山寺图

[元]虞集

香山苍翠帝城西，古寺高寒北斗齐。
绕屋清泉龙稳卧，对檐老树凤常栖。
曾陪退相寻山径，亦同幽人蹑石梯。
忽见画图惊十载，春云秋雨不胜题。

题香山寺诗画卷

[元]王恽

送客当年过玉泉，醉中游赏得奇观。
一泓湛碧浮僧钵，几叶秋黄打石阑。
山色空濛金界湿，松声清泛碧波寒。
吟鞭回首都门道，斜日归时翠满鞍。

香山诗二首

[元]刘秉忠

（一）同宁义甫宿香山寺

摩空削出碧芙蓉，缱绻香山一带峰。

野树去年曾系马，闲云今日复从龙。
玉钩三寸月沉水，琴调数声风入松。
清澈梦魂眠不得，觉来那假晓楼钟？

（二）香山遇雨

黑云如鸦涨川古，云涌电跃风折木。
半天万点卷海来，森森映窗如银竹。
凤城无数笙歌楼，珠帘半卷西山秋。
谁知羁客家万里，一灯正拥寒衾愁。

香山道中

郭钰

山深春寂寞，花落自缤纷。
涧水趋桥去，泠泠清可闻。
雨过新苔滑，日晛疏林曛。
冉冉一僧归，踏开松下云。

西山积雪

［元］陈孚

冻雀无声庭桧响，冰花洒檐大如掌。
平明起视岩壑间，插天琼瑶一千丈。
夕阳微漏光嵯峨，倚栏更觉爽气多。
云间落叶有径否？想见樵叟披青蓑。

西山积雪·折桂令词

无名氏

玉嵯峨高耸神京。
山壁排银，叠石飞琼。
地展雄藩，天开图画，户列围屏。
分曙色流云有影，冻晴光老树无声。
醉眼空惊。
樵子归来，蓑笠青青。
太平乐府。

香山寺

李梦阳

万山突而止，两崖南北抱。
凿翠直殿榭，级石上穹昊。
高卑各称妙，曲尽结构巧。
有泉如线缕，盘转出松梢。
嗜奇忘登顿，缘危肆探讨。
险绝逼牛斗，萧飒若风岛。
夜宿来青轩，天色碧可扫。
湖沙静莽莽，海月白皓皓。
想当邦邑初，此地只蒿草。
绮丽仡谁凿，岩壑烂相袅。
但看全盛时，民力为兹槁。

香山寺绝句

李梦阳

二月已破三月来，山下碧桃春自开。

半醒半醉游三日，并马今朝未拟回。

香山寺晚眺

何维柏

翠积香山回，烟深草径迷。

傍桥寻谷口，缘蹬蹑招提。

孤鸟连云远，平原入望低。

回瞻双凤阙，高峙玉河西。

香山寺

安绍芳

隔岭藏金阁，到门生暮烟。

断崖寒积雪，细草伏流泉。

台指祈星处，松传护驾年。

石幢苔半绣，似欲化青莲。

秋入香山

朱国祚

山半松门度石桥，流泉决决响僧廊。

置身著色屏风里，梨叶新红柿子黄。

洪光寺

傅淑训

蜿蜒回环蹬蹬，嶙峋瘦削峰峰。
梵呗匝空千佛，涛松夹道万松。

来青轩

傅淑训

一带寺分翠色，四望香共青来。
清雅都亭在望，郁秀轩窗自开。

西山十首之一

李东阳

野寺林深一径通，讲经台上见生公。
心于簪组元无系，兴到山林便不同。
坐爱鸣弦青山上，仰看飞锡坠云中。
诸峰绝顶香山路，振袂须来两腋风。

香山诸诗

李东阳

半岭香台石径斜，诸空缥缈送天花。
新开塔寺雄西郭，旧赐经幢出内家。
避暑亭前泉带雨，回龙殿下水明霞。
太平天子无巡幸，头白山僧诵法华。

宿来青轩

李言恭

地敞千林月，门开万壑霞。
花间翻贝叶，树梢见人家。
路转溪流折，山回石蹬斜。
平空聊借榻，高卧似浮槎。

香山寺

邬佐卿

曲径盘云上，千松锁翠微。
入林闻梵语，面岭敞禅扉。
钟向天边扣，泉从石窦飞。
满山黄叶雨，历乱洒人衣。

来青轩

邬佐卿

轩小能来月，秋深满叶纷。
乱禽喧暮霭，一雁入寒云。
山翠凭栏得，钟声隔树闻。
当杯偕二仲，几酌已成醺。

洪光寺

邬佐卿

策杖探奇入，山头梵宇开。
晴岚飞鹳鹤，秋色绣莓苔。
蹬转松阴合，云深锡影来。
徘徊不能去，随处一衔杯。

来青轩

徐贯

一派峰峦侵碧汉，独尊梵宇出红尘。
岭峰月挂上方晓，山杏花飞下界春。
趋淀湖泉争入望，切云陵树与为邻。
我来不尽登临兴，又逐东风觐紫宸。

香山寺

郭正域

寺入香山古道斜，琳宫一半白云遮。
回廊小院流春水，万壑千崖种杏花。
墙外珠林疑鹿苑，路旁石蹬转羊车。
四天天上知何处，咫尺轮王帝子家。

晴岚千仞锁岭岈，碧道逶迤一道斜。
宰树曲封宫监宅，松花静落梵僧家。

山堂旧辟栖金相，辇路新除望翠华。
银榜中朝亲赐额，半天楼阁护云霞。

来青轩

朱之蕃

香过十里杏花西，礼罢空王到上栖。
恐坏云根开地窄，爱看山色放墙低。
驯鱼左右桥边绕，好鸟晨昏钟后啼。
徙倚词臣迟侍从，来青瞻仰御书题。

祭星台

王衡

空坛落星辰，腾沙郁皇野。
不知何王碑，隔坡问牧者。

来青轩

吴伯与

尺将亭阁立高虚，色相双开万壑余。
鸟半衔云归树垒，峰长扶月上僧庐。
杯流波面移天影，灯续花光到御书。
未必灰心伴禅夜，只疑尘市梦全疏。

登香山

文征明

指点风烟欲上迷，却闻钟梵得招提。
青松四面云藏屋，翠壁千寻石作梯。
满地落花啼鸟寂，倚栏斜日乱山低。
去来不用留诗句，多少苍苔没旧题。

来青轩

文征明

寂寂云堂车马稀，高明不受短墙围。
好山宛转双排闼，胜日登临一振衣。
望里风烟晴更远，坐来尘土暮还稀。
松间白鹤如嫌客，顾影翩然忽自飞。

香山历九折坂至弘光寺

文征明

偃月池边宝刹鲜，不知赐额自何年。
行从九折云中坂，来结三生物外缘。
岁久松杉巢白鹤，春晴楼阁涌青莲。
谁言好景僧能占，总落游人眼界前。

西山霁雪

杨荣

西山日上雪初晴，素壁银屏万叠明。
高树迎风霏玉屑，小桥流水涩琴声。
恍疑沧海通三岛，绝似昆仑见五城。
但使年年足丰稔，桑麻燕雀遂生成。

西山霁雪

金幼孜

海上云收旭景新，连峰积雪净如银。
晴光回入千门晓，淑气先回上谷春。
瑶树生辉寒已散，琼林消冻暖偏匀。
玉堂相对题诗好，移席钩帘坐西曛。

西山霁雪

魏裳

蓟苑春回雪未残，西山积素失青峦。
光摇三殿晴云合，色照千门晓日寒。
琼岛忽移天阙近，玉峰遥倚帝城看。
梁园此夕还堪赋，况复邹枚兴未阑。

西山霁雪

曾棨

岧峣远岫依苍冥，积树才消拥画屏。
云影尚连千幛白，日华光映数峰青。
林藏王气樵人识，冰杂泉流野客听。
正欲登临穹绝巘，余寒犹恐在岩扃。

西山霁雪

林环

群山削玉远参差，翠霭微分雪霁时。
日映林光浮凤阙，暖添涧水到龙池。
峰头渐逐轻烟散，树梢疑含玉露滋。
一曲阳春人尽乐，丰年已庆太平期。

西山霁雪

王洪

月华初映最高峰，玉树凝辉在半官。
佳气迥浮丹凤阙，清光遥入翠微宫。
松崖乍逐春风散，云峤仍含夜月重。
青琐朝回频极目，却将郢曲咏年丰。

西山霁雪

王直

双阙云开淑景移，诸峰雪罢见参差。

余寒尽散春深后，积素全消日上时。
岩前风暖有啼鸟，涧底水流微入池。
为喜丰年先献颂，朝回还和郢中辞。

西山霁雪

胡广

银屏素壁何岧峣，西山新霁雪未消。
千林皓影散琼树，万壑晴光凌碧霄。
高峰更寒初上日，小径迥隔归来樵。
玉城楼阁在咫尺，从知三岛非路遥。

西山霁雪

李东阳

雪后西山爽气增，冻云消尽山崚嶒。
眼看万壑遍一白，谁遗六月生层冰。
岩窦有泉浑欲滴，石根无路转愁登。
飞楼缥缈空寒外，几度凭高兴不胜。

西山霁雪

张元芳

层峦积素喜初晴，寒入青天万里城。
树色遥分银河曙，山光远映玉楼清。
花迎北阙春风散，地敞西山夜月明。
见说至尊歌白雪，愿赓郢曲答升平。

香山寺

王世贞

闻钟寻古刹，高入白云层。
北极诸天拥，中原一气凭。
摄衣凌恍惚，飞蹬插崚嶒。
不谢菩提树，常明慧远灯。
双星垂井动，片石抱蟾升。
怒鬣摇风桧，残鳞坼雨藤。
劫灰曾铁马，迷路有金绳。
忽忆宸游事，千林色倍增。

香山寺

谢榛

曾识京西路，名山帝梵家。
殿凭千顶树，地矗半天霞。
邻去钟声密，前村塔影斜。
红云看不彻，漠漠杏林花。

香山频婆花下

王世懋

嘉果传经品，何年植帝乡。
葡萄非汉种，薝蔔是天香。
积素骄春色，含脂破月光。
坐深花阵过，数片入飞觞。

晚至香山寺

姚汝循

曳杖破苍烟，危梯断复连。
山门交古木，苔径下流泉。
僧住鹏霄里，钟来鸟道边。
预思禅榻上，堪抱白云眠。

香山寺来青轩

黄汝亨

秋林无日不黄花，驻绿森云爽有加。
磴入寒空高翠巘，坐来秀色落晴霞。
石泉淅淅将风叶，山径跄跄冷藏华。
独向轩亭闲一望，群峰低处已尘沙。

来青轩

袁宏道

真人天眼自超伦，翠色香山此语真。
八十老僧牢记取，一时三遍语游人。

暮登香山寺

王铎

历尽丹梯古寺门，钟声万壑报黄昏。
崖悬鸟度窗中树，路暝僧归月下村。

南指崆峒藏石髓，北来天寿隐云根。

入山才悟浮尘恶，梦后禅灯客供论。

香山寺来青轩

刘侗

十里香红一道泉，约同闲伴入春烟。

鸟呼耕凿民几甸，钟报晨昏僧祝延。

独翠封山谟万壑，来青径野敕诸天。

郊能丹碧人能暇，休养熙游不偶然。

来青轩

于奕正

四山秋色重王言，青翠巍巍捧一轩。

叶渐有声霜待老，僧能无语梵应尊。

眼明寥廓峰峰下，心入冥濛物物存。

几树荒云迷去雁，吹来孤影坐中翻。

香山寺

周之茂

到处烟岚秀可餐，山僧指点向云端。

仙盘棋合无心著，御笔书应拱立看。

老树引年三代色，危岩亏日四时寒。

登临不尽寻幽意，归去无愁石路难。

香山寺

黄耳鼎

尘里西山约，经旬得共看。
远林红漠漠，平楚绿漫漫。
寺择峰俱簇，游当来半阑。
一钟声未尽，便已客心宽。

玉华寺

王嘉谟

层峰开净域，十丈控丹梯。
坐瞰平湖浅，中分万岭低。
斜阳传塔影，飞瀑乱莺啼。
自觉诸天近，香花聚路溪。

香山

孙丕扬

人传宝地紫光收，天语香山翠色浮。
薝蔔花开龙井口，茈茎草锁鹫峰头。
大乘小乘俱佛品，出定入定并禅流。
此日微臣翘首望，五云缥缈见皇州。

香山寺

李荫

风霜侵古塔，松柏护香山。
鹤并游人舞，云分衲子闲。
孤心依净域，双眼失尘寰。
愿供天衣覆，翻经独掩关。

来青轩

冯有经

三百湖山寺，清光此独偏。
九陵通紫气，双阙映金莲。
路豁披云尽，堂虚得月先。
六龙曾驻跸，瑞色尚澄鲜。

来青轩晓望

刘余铎

百尺璇台翠黛攒，扶桑初日照朱栏。
参差宫殿云中出，缥缈湖山掌上看。
烟吐千林浓又合，风回万里晓逾寒。
侧身似隔人间世，便欲凌霄振羽翰。

洪光寺寻莲池古迹

刘余铎

石蹬攀跻兴不阑，层峦飞瀑溅衣寒。
龛藏金粟三千界，山拥芙蓉十八盘。
地古松萝枝老尽，春深洞壑雪初残。
逢僧欲订莲花社，转忆沧桑几度看。

流憩亭

刘余铎

独上孤亭倚曲栏，风来寥廓振衣寒。
碧天一夜晴如洗，多少烟光画里看。

香山寺月夜

王士祯

明月出东岭，诸峰方悄然。
残雪尚在地，掩映西斋前。
竹色既闲静，松荫媚沦涟。
清晖一相照，万象皆澄鲜。
此时憩寂者，宵分犹未眠。

由蹬道上洪光寺

王士祯

蹬道入云端，曲折松荫里。

秋雨寂无人，空山落松子。
绝壑霾云雪，唯逢麋鹿群。
云中时梵放，下界不相闻。

十八盘

朱彝尊

香山十八盘，盘盘种松柏。
惟见独行僧，稀逢采樵客。

来青轩

朱彝尊

天书稠叠此山亭，往事犹传翠辇经。
莫倚危阑频北望，十三陵树几青青。

洪光寺

孙承泽

我游西山寺，最爱洪光好。
入门松九盘，小径通飞鸟。
策杖古蹬歌，午钟闻树杪。
濛濛裹湿翠，翳翳昧昏晓。
转折耳目易，顿忘筋力老。
右军誓墓后，没领志未了。
只此惬幽适，何必穷旷邈？

宿香山寺

宋琬

黛色西山好，年年马上看。
茱萸逢九日，幞被宿层峦。
拄杖松杉暝，吹笙殿阁寒。
五陵回首处，霜叶万枫丹。

来青轩临眺二首

玄烨

（一）

摇拂烟云动翠旗，登临翰墨每相随。
山河景象无穷意，俯瞰人情因物知。

（二）

来青高敞眺神京，斜倚名山涧水清。
此日君臣同览赏，村村鸡犬静无声。

洪光寺盘道

玄烨

白云飞夏日，斜径尽崎岖。
仙阜崇高异，神州览眺殊。

弘历题香山四时诗

香山春望

轻云淡霭天，林静泉幽地。
朅来畅闲怀，兼以寻春事。
春事曰已佳，山中更佳致。
苍松无改色，亦复增浓翠。
绯桃与绛杏，依岩秀不媚。
乳窦淙玉壮，野鸟呼名异。
绿胜有耕人，香陌纷游骑。
所防逸近怠，因知劳向义。
踟蹰一自问，揽结从何类。

夏日游香山

逭暑思清凉，暂憩招提境。
茂阴连穷冈，回风来复岭。
松篁何潇洒，石泉美澄泠。
妙高真妙高，几席幽宜静。
窗前老虬枝，童童盘碧影。
尘念即云歇，禅心亦以屏。
适然何依著，付与闲云领。
重基占佳胜，一览富万概。
雨后朝爽凑，谽谺新染黛。
高楼俯碧川，烟云呈变态。
檐树绿婆娑，砌花红琐碎。

游心竹素园，匪慕须弥芥。
支公价诚论，白傅山今卖。

立秋

通闰立秋早，况在深山中。
虫鸣莎底急，风来树上雄。
益觉秋信佳，旷览极长空。
白帝有神权，素宇无纤蒙。
匪惟契静怀，更有占祥农。

初冬香山

名区信是出凡尘，几度清游兴会新。
景向淡中宜藻绘，山从老处见精神。
籁声出树铿鸿乐，旭影依窗让小春。
槐落枫稀添飒沓，顿数留绿爱霜筠。
芸窗日午向阳开，野色岚光待品裁。
不是有心馀结习，可能无句记兹来。
背秋三径犹存菊，冲雪千岩独少梅。
清跸漫云才信宿，明年花事重相催。

见心斋

颙琰（嘉庆）

虚檐流水息尘襟，静觉澄明妙悟深。
山鸟自啼花自落，循环无已见天心。

对瀑

昙宁（道光）

何来匹练下云峰，洗出芙蓉拨黛浓。

落日衔山晚风静，牖牕对处涤心胸。

率童子军游森玉笏

熊希龄

远看塔影漾湖波，又听群儿唱晚歌。

为念众生无量苦，万山深处一维摩。

丹炉石洞话前因，汉武秦皇迹已陈。

欲学长生终是幻，倚栏却忆散花人。

登香山赏桃花

熊希龄

甲戌春二月十一日香山桃花盛开，召集儿童登山欣赏，赋诗勖之。

万树桃花手自栽，病中犹为看花来。

儿童亦与花俱长，各自拈花想一回！

但觉花香夹道妍，谁知辛苦十三年！

栽培灌溉非朝夕，才见春风烂漫天。

种花人老雪盈头，吩咐儿童爱护周。

浊世欲坚高尚节，此心须向美中求！

花落纷纷又夕阳，山河大地几沧桑。

眼前景物须牢记，爱国由来本爱乡。

鸳行雁序

熊希龄

民国二十四年七月七日，本院举办第一次回家节，筹备会请以结褵照片复印，赠与诸生，作为纪念，特赋诗四章，为之祝福。

其一

不觉光阴十五年，鸳行雁序各翩翩。
世间无此家庭大，能有儿孙到四千。

其二

褓负回家笑语阗，相看忽又泪泫然。
别来几载当惊异，尚有精神老少年。

其三

漫说桃李在公门，教养全蒙社会恩。
念念勿忘同类苦，牺牲私利始能存！

其四

现代家庭少健全，愿希梁孟以身先。
有情眷属皆圆满，并祝妻良母又贤。

题璎珞岩

田树藩

短筇引步意悠悠，璎珞岩前听水流。
自是林泉消夏地，苔青石绿最清幽。

题半山亭

田树藩

乱后登临百感生，残山胜水那堪情。
金瓯一破千秋恨，苦雨凄风压旧京。

题看云起亭

田树藩

看云亭上看云起，意态飘飘我欲仙。
涉水登山为事业，超然物外莫愁天。

勤政殿假山

周大烈

叠石留山浅，依稀乱水中。
草间皆殿地，秋后长新虫。
一坐逢微啸，闲天落晚风。
桥阶松夹鬓，衰索得相同。

登香山

朱德

老松不怕秋风劲，叶细如针枝干硬。
历经摇荡已多年，庇护红林保其正。

诗七首题西山红叶

陈毅

西山红叶好，霜重色愈浓。
革命亦如此，斗争见英雄。

红叶遍西山，红于二月花。
四围有青绿，抗暴共一家。

红叶布山隅，中右色朦胧。
左岸顶西风，欢呼彻底红。

伸手摘红叶，我取彻底红。
浅红与灰红，弃之我不取。

书中夹红叶，红叶颜色好。
请君隔年看，真红不枯槁。

红叶落尘埃，莫谓红绝矣。
明春花再发，万红与千紫。

题诗红叶上，为颂革命红。
革命红满天，吓死可怜虫。

散 文

西山小记之一

[明] 袁中道

出西直门，过高梁桥，杨柳夹道，带以清溪，流水澄澈，洞见沙石，蕴藻萦蔓，鬣走带牵。小鱼尾游，翕忽跳达。亘流背林，禅刹相接，绿叶秾郁，下覆朱户，寂静无人，鸟鸣花落。过响水闸，听水声汩汩。至龙潭堤，树益茂，水益阔，是为西湖也。每至盛夏之月，芙蓉十里如锦，香风芬馥，士女骈阗，临流泛觞，最为胜处矣。憩青龙桥，桥侧数武，有寺依山傍岩，古柏阴森，石路千级。山腰有阁，翼以千峰，萦抱屏立，积岚沉雾。前开一镜，堤柳溪流，杂以畦畛，丛翠之中，隐见村落。降临水行，至功德寺，宽博有野致。前绕清流，有危桥可坐。寺僧多习农事，日已西，见道人执畚者、插者、带笠者野歌而归。有老僧持杖散步塍间，水田浩白，群蛙偕鸣。噫！此田家之乐也，予不见此者三年矣。夜遂宿焉。

功德寺循河而行，至玉泉山麓，临水有亭。山根中时出清泉，激喷巉石中，悄然如语。至裂帛泉，水仰射，沸冰结雪，汇于池中。见石子鳞鳞，朱碧磊砢，如金沙布地，七宝妆施，荡漾不停，闪烁晃耀。注于河，河水深碧泓渟，澄澈迅疾，潜鳞了然，荇发可数。两岸垂柳，带拂清波，石梁如雪，雁齿相依，间以独木为桥，跨之濯足，沁凉入骨。折而南，为华严寺，有洞可容千人，有石床可坐。又有大士洞，石理诘曲，突兀奋怒，皱云驳雾，较华严洞更觉险怪。后有窦，深不可测。其上为望湖亭，见西湖明如半月，又如积雪未消。柳堤一带，不知里数，袅袅濯濯，封天蔽日。而溪壑间，民方田作，大田浩浩，小田晶晶，鸟声百啭，杂华在树，宛若江南三月时矣。循溪行，至山将穷处，有庵，高柳覆门，流水清激，跨水有亭，修饬而无俗气。山余出巉石，肌理深碧，不数步见水源，即御河发源处也。水从此隐矣。

西山小记之二

[明]袁中道

香山跨石踞岩，以山胜者也。碧云以泉胜者也。折而北，为卧佛，峰转凹，不闻泉声。然门有老柏百许森立，寒威逼人。至殿前，有老树二株，大可百围，铁干镠枝，碧叶虬结，纡羲回月，屯风宿雾，霜皮突兀，千瘿万螺，怒根出土，磊块诘曲，叩之丁丁作石声。殿墀周连数百丈，数百年以来不见日月。石墀整洁不容唾。寺较古，游者不至，长日静寂，若盛夏晏坐其下，凛然想衣裘矣。询其名，或云娑罗树。其叶若蕨，予乃折一枝袖之，俟入城以问黄平倩，必可识也。卧佛盖以树胜者也。夫山，当以老树古怪为胜，得其一者皆可居，不在整丽。三刹之中，野人宁居卧佛焉。

游西山记（下）

［明］都穆

予暮春尝游西山，仅抵玉泉而返。闻有所谓香山者，未暇游也。乃十月朔，与莆阳翁君联辔，出阜成门西行，时北风扑面甚急。道上之草已黄，惟霜林红叶如锦可玩。二十里至田村，解鞍小饮，西北风益横，马不肯前，痛鞭之。又二十五里，度石梁半里，下马西行。阅莲花池，水半涸，败荷间有存者。池故辽金时竹林寺基、土人尝于其下得败垣石井。古云桑海之变有以也。缘麓上，至香山永安寺。寺旧名甘露。前有泉横流清驶，饮之者若甘露然。左觉义振威偕书记宗林出迓。遂共度石梁，其下为方池。正统间尝遣中官以金鱼数十投其中。今巨者盈尺，闻履声辄潜不见。又上登金刚殿。后有古椿六，离立若人，殆前朝物。又上由画廊登慈恩殿，其右为香炉冈。冈之上有石肖炉，冈下二石突出，曰蟾蜍石。皆以形似得名也。又下有丹井二，相距丈许。传昔凿井时，尝得丹砂，故名。今寺僧皆取汲于此。历藏殿至宗林房，房前有梦感泉。僧言金章宗尝至其地，梦矢发泉迸。旦起，掘地，果得美泉。后僧以泉浅浚之，遂隐。遵崖西上，路峻隘，与翁君假僧仗扶之，曲折数百步至虹（洪）光寺，寺据山顶。短垣绕门，地悉甃以石，宽平可坐。兹山之胜。一览俱尽。而西湖咫尺在望。令人渺焉有故乡洲渚之想。入寺观千佛殿，殿圆，制极工。成化初创于中官。中官高丽人也。尝见其国金刚山，有圆殿。故移其制于此。经观音阁，读先师学士程公所撰碑。阁之左曰来青轩，其妙不减洪光。面其前者，金章宗祭星台也。予欲登，以日暮不果。

游香山碧云二寺记

[明]沈守正

乙卯仲冬旦日，予自都城徙居隆化寺，寺非孔道，蹄轮罕至。有高松广除，可以游息，意亦乐之。但山围屋后，无台阁可眺，故乡山水，时来梦中撩人耳。凡九、十日未尝出户外，偶抱微恙。有味张宗晓一闲先人之语。拟以仲春旦日，一探西山名胜。先日，盲风扬沙，对立不睹，意殊恶，就枕风小息，诘朝天无片云，纤尘不起，主仆俱有欣豫色。肩舆从广野行，时与耕犁相错。可十余里，路渐高，望有若石阙者，至即洪光寺。入石门，路甚修平可步，古柏夹之，外不见林，上不见巅，枝杆交荫。人行道上，苍翠扑衣，日影注射，如荇藻凌乱。可数百步，复折而上，如是者凡十有一。每登一折，必右俯本末，左瞰绝壁。壁皆甃石为之，岁久若天造。柏从石罅出，多类鬼工。初登一二盘，奇在柏。稍上诸山如螺髻。自柏外见，则又奇。至七八盘，山尽在下，精蓝名墅。棋布绣错，金碧晃耀。目竟屡换，殆无暇问柏奇矣。盘穷为山门，甚精丽。又进为圆殿，亦目所未见。后为方丈，东西偏为僧寮。主僧澹然肃予入。饭毕，导予游香山，洪光者即香山之支院也。不复由十一盘，穿柏中小径数十步，即香山藏经殿。步而下即后殿。从两廊逶递行至正殿。历级从东行至方丈，自回廊复东为来青轩，群山拱揖，苍蒨蓓刺人目。下见陂陀高下，杏树可十万株，此香山之第一胜处也。由方丈出，见山右溪流奔注，如玉龙夭矫，蛰而未苏。下为方池，一汪沉碧，有鱼数十头，出没其间。土人指一赤鱼，长尺咫者，向予夸之。予曰："南方尚有十倍此者”。皆笑。谚云：“南人不信有千人帐，北人不信有千人石船”。信有之也。出香山山门，舆行又四五里至碧云寺，精整胜香山。而疏旷逊之。独寺后一泉出石根，冬夏不涸，导为方池，植白莲其中。上有亭，大小二池，前修竹一林，清潇可爱。予自渡江，久别此君，婆娑不忍去。微风徐来，簌簌如相絮语。泉绕寺中，庖湢皆资之。恨其从屋溜下过，安得好事，引为流觞，可坐可歃，亦一大胜也。殿前一池，大于香山，清亦较胜，鱼如空游。朱白相乱。欲小饮，僧俗不可耐，遂行。时日已下舂，便道过小寺七八，皆不足纪。惟延寿庵有山松四本，偃蹇奇幻。遏云拂地，殆与天目黄山争价。予趺坐静息其下久之。凡西山名刹，皆诸珰墓院，假佛慈以托不朽。此曹盗国灵，吸民髓，不知财所自来，辇金轮璧，如委诸壑，既不至锢三泉，开七曜，然奢靡极矣。小珰倚附成气焰者，名为位下辈相葺治，故老珰葬有一二百年。攻石、攻木、攻金，岁月不绝者，宁止石椁三年已也。碧云池亭，苍松翠柏，水天一色。香山、来青轩、郁秀清雅、望都亭六榜皆今上御书。又一联云，恐坏云根嫌地窄，爱看山色放墙低。不知出睿思否？语亦有致，书似沈度学士，而骨劲过之。无帝王俗媚气。予穷日之力，不足尽西山。然洪光之圆殿、十一盘与柏，香山之来青轩，冻溪、碧云之泉、之竹，延寿之松，亦不辱管城也。香山有摘星台，不及上。异日柳舒杏放，凭啸台端，良月快风。夷犹盘曲，晓起漱泉，玩碧莲之迎日。雨余观瀑，听万壑之飞淙，赏心娱灵。当更有进此者，所谓柤梨橘柚，各有其美。未可以东南而笑西北也。次日援笔为记。

游香山记

[明]王衡

丁亥春三月，余从友人自香山至人山头。为他事所迫。不顿舍而返，无足记。记其次游。六月十日，偕汝增、懋锡、季良各跨一蹇出高梁桥，转而此，杨柳行植者三。余从中央水次行，以取凉。城堞寺角，时时与繁阴相媚，进而河渐广，界以长堤，为西湖。湖在堤以左，盖芙蕖菱芡之薮。堤右则皆秫田豆场。长杨左右障之。时荷花已开，甚纤缛纷敷，浅深在水，植者如翘髻，偃者如羞妆。茭芽菱花，重以青黄相间。乍而须甲颠倒，好风将百和香来。余急披鞍迎之，咄嗟间未得其似。汝增忽笑曰：嘻！何乃似我江南三月天。莺花菜麦田中耶。余大笑。浮一大白，嚼其言。湖故多种鱼，鸥鹭鹈鹕之属，下上嗛鱼，低飞浅踏，花枝颤颤然香，且不风自动矣。数里为龙王庙，庙旁湫潭为龙潭。又一里许，而荷花与湖尾俱穷。穿青龙桥而西，得玉泉山焉。山培逶耳，而土纹隐起，衣纤草，作苍龙鳞。其下为池，潴泉而亭之，曰：望湖亭，水眼嘘泡彝彝飞星之相追。其东为华严寺，寺西泉一区，正绀碧而清可辨萝发，使得美筱覆之，岂令人痛忆玉女潭耶。出送晚霞，而归宿于山之深翠中。明日，渡两石桥，循溪转，荫于卧佛寺娑萝树之阴。复二里许，至碧云。西折听泉亭，上余公坟。余公盖先朝贵珰，彼辈世修其事，以不茀废，宋司马石椁，任汝好为之耳，独奈何沟泉斫石，动至束花碍草，为胜地作祟也。殿前石池一。而桥绾为二。中蓄五色鱼百千头。余解衣盘礴坐。而施饼饵焉。唼呷相呼，云队再卷，若为鱼丽以仰攻者。至香山，可一里。迹路深旷，夹道尽白杨、青桧，虽都雅不减幽绝，当山之邃者曰流憩亭，其旷而可坐眺者曰来青轩，流憩在山半灌木阴翳之中。忆春季杏花飘飞尽矣，而此地犹能获残红，以迟我念，而寻旧游焉。已乃过来青轩，轩前两山为距。而虚其襟以捧帝城。斜照薄金银台，蒸气正紫。相顾谓此地宜月投枕焉。而东自无量殿，数折乃至洪光寺，皆短垣疏柏。不蔽外景。涓人甃白石为阶，其净若拭。余叹曰：使死不速朽者，殆乐哉，斯丘矣。笑而出，望之东壑中，郁苍攒错，阁道参差。若飘红挂树叶者，其光裕寺耶。心乐之，而日且下春矣，不果游。归待月于轩前。月初东出，光始及殿鸱，俄而茂林延之。浮浮漾漾，若镂玉叶置水银池中，静若沦光，荡为碎影，在有无空色之间。槛下流淙泌瑟，以虚寂愈闻，时或白杨籁风，犬唁鹘戛。若羯鼓之介胡琴也，既而山市中，又有倚箫炙管者。余卷舌为清啸以和之。流楚曼声，若自寥天中飞来。意乐甚，顾酒囊且沁矣。满倾而饮之。十一日，自双井逾一小岭。而观所谓宴公堂、曹家庙者，无他佳第白云冒山腰，远不百弓，几可手拈。而隔谷模人声，绝似若与我语，语者亦足当一奇耳。下十余里，渡佳树流水，而玉泉之压始见。望西山，层峦远岭，绛官缥瓦。随云光日影以幻奇。乃急驰北山头，悄然四顾，谓自此失西山矣。及湖堤而复得之。意方与山容相亲，而荷香莺韵。复横来撩人，流盼不能已已。殊恨我六根之用狭也，大约西山之胜，仿佛武林之西湖。逶迤不如，而蒨蓓润或过之。因与二三子作妄想。若斩荻芦，开陂隰，以尽田荷花，至山膝而止。使十五小儿，锦衣画舸，唱江南采莲词，出没于白鸥碧浪之间。所在室庐，必竹门板扉，与金碧相间出，而后结远道人为香山社主，乞青莲居士，为玉泉酒家翁，吾老此可矣。虽然，人苦不知足，以予株坐此中，如春时不解鞍之游，嗅残花数瓣，亦自谓爽然。视兹游所得，多寡何如哉？余故于兹游有专记。而前所过人山头者，巨石怒撑，蹲伏甚伟，为北来诸山之额，其胜亦不可没也。因附志于此。

西山漫话

吴乃礼（1931 年）

西山在北京城的西北，离城大约三十余里，原本是太行山的余脉，因为在北京城的西北，所以就被称作“西山”。这和杭州的钱塘湖因为在杭州城西的原故，便称为“西湖”是同样的情形。

西山虽然是太行山的余脉，但是也另外各有名字，正面的是“翠微山”，西北面的是“卢师山”。西山的名称既著，这两个名字，差不多再没有人提起的了。

山的支脉很多，所以山势是蜿蜒不断的，更有苍松翠柏，古刹如林，四时的风景，都是美不胜收。

因此长期的在那里居住，自然是：可以避嚣，可以休养；就是短时间的前去游览，那么，也可以登临，也可以远眺，游目骋怀，人皆最感愉快！

阴雨初晴的时候，假如走上翠微山的最高峰，会看见如絮的白云，飘泊在半山中，遮住了视线，也许山下有很大的雨，登临在山峰上的人，能够丝毫不觉得，等到走下山来，看见泥泞的道路，才会知道：“啊！下过雨了。”

于此，可以知道西山的山势，是如何的高了。

山上的松柏很多，有的是几百年来的古物，桃李也很多，遍山满谷，丛茂成林。所以春天去游览，纵然比不上处处樱花灿烂的光辉，但是一片软红的春色，却也很值得欣赏一番。

点缀秋光的红叶，璀璨如丹霞，多么耐人寻味啊！可是堂皇富丽的北京城内，除去私人住宅和园林中，间或可以访得一二株之外，能够供给大家恣意欣赏的猩红夺目之红叶，便要在西山上才有得发现呢？

红叶繁盛之区的龙王堂有听泉小榭，不单是可以听泉，而且是看红叶的好地方，所以横额上将别的题着："丹枫染华"。并且柱上一联更为贴切："当户老松生夕籁，满山红叶人新诗"。红叶之多之美，可以想见一般了。

"西山晴雪"本是燕京八景之一，因为西山山势的高，所以严寒时候的积雪，也常常的历尽一冬而不能融化，晴朗的日光照耀在山巅，映以蔚蓝的天空，异常好看，虽然比不上立在芦之湖滨，仰观富士山的伟大，可是清晨站在什（十）刹海边的银锭桥上，远望西山的山巅积雪，很能令人有"美景一时观不尽"的感觉啊！

然而西山的胜景尚不止此。

记得何仲默君游西山的诗中有这样两句："先朝四百寺，秋日遍题名。"由诗意里显然知道，西山方面的庙宇是很多的，游览起来，处处都不愿轻易地放过，所以说是"游览遍题名"呢？因此可以明悉西山的胜景一大半又都是在庙宇里的。

俗称西山有八大处，所指的便是八大著名的庙宇，其名称是：

长安寺、灵光寺、三山庵、大悲寺、龙王堂、香界寺、宝珠洞、秘魔崖。名山古刹这样著称于世，所以自元初以迄明清，历代的皇帝和皇后，有很多临幸过的地方，行宫也不少。至于北京城内的巨绅显宦和外侨，也有很多的别墅，一方面为的是炎夏之日避暑，一方面为的是假期间的休养。因此，由北京城内出发，到西山山麓的路径，是非常地平坦，公共汽车和游览车每天都在开行着，来往也未尝不算便利。

谁都会知道吧！“诗思在驴背”，假若你愿意缓步，游览这四季里富有诗情画意的西山，或者更喜欢在郊外田野之间去踏青的话，踽踽三十里的长途，自然是不便于策杖步行的，可是骑上一匹小驴用以代步，慢慢地走起来，就感觉着风雅得很了……

西山的西北，绵延下去经过门头村，又复胜景连云，称之为“香山”，便是金李晏碑上所谓:“西山苍苍，上干云霄，重冈叠翠，来朝王阙，中有古道场，曰香山”。自是久已著闻的名山，在此就不赘述了。

香山红叶

杨朔

早听说香山红叶是北京最浓最浓的秋色，能去看看，自然乐意。我去的那日，天也作美，明净高爽，好得不能再好了；人也凑巧，居然找到一位老向导。这位老向导就住在西山脚下，早年作过四十年的向导，胡子都白了，还是腰板挺直，硬朗得很。

我们先邀老向导到一家乡村小饭馆里吃饭。几盘野味，半杯麦酒，老人家的话来了，慢言慢语说：“香山这地方也没别的好处，就是高，一进山门，门坎跟玉泉山顶一样平。地势一高，气也清爽，人才爱来。春天人来踏青，夏天来消夏，到秋天——”一位同游的朋友急着问：“不知山上的红叶红了没有？”

老向导说：“还不是正时候。南面一带向阳，也该先有红的了。”

于是用完酒饭，我们请老向导领我们顺着南坡上山。好清静的去处啊。沿着石砌的山路，两旁满是古松古柏，遮天蔽日的，听说三伏天走在树荫里，也不见汗。

老向导交叠着两手搭在肚皮上，不紧不慢走在前面，总是那么慢言慢语说：“原先这地方什么也没有，后面是一片荒山，只有一家财主雇了个做活的给他种地、养猪。猪食倒在一个破石槽里，可是倒进去一点食，猪怎么吃也吃不完。那做活的觉得有些怪，放进石槽里几个铜钱，钱也拿不完，就知道这是个聚宝盆了。到算工账的时候，做活的什么也不要，单要这个石槽。一个破石槽能值几个钱？财主乐得送个人情，就给了他。石槽太重，做活的扛到山里，就扛不动了，便挖个坑埋好，怕忘了地点，又拿一棵松树和一棵柏树插在上面做记号，自己回家去找人帮着抬。谁知返回来一看，满山都是松柏树，数也数不清。”谈到这儿，老人又慨叹说：“这真是座活山啊。有山就有水，有水就有脉，有脉就有苗，难怪人家说下面埋着聚宝盆。”

这当儿，老向导早带我们走进一座挺幽雅的院子，里边有两眼泉水。石壁上刻着“双清”两个字。老人围着泉水转了转说：“我有十年不上山了，怎么有块碑不见了？我记得碑上刻的是‘梦感泉'”。接着又告诉我们一个故事,说是元朝有个皇帝来游山,倦了,睡在这儿,梦见身子坐在船上,脚下翻着波浪,醒来叫人一挖脚下,果然冒出股泉水，这就是“梦感泉”的来历。

老向导又笑笑说：“这都是些乡村野话，我怎么听来的，怎么说，你们也不必信。”

听着这个白胡子老人絮絮叨叨谈些离奇的传说，你会觉得香山更富有迷人的神话色彩。我们不会那么煞风景，偏要说不信。只是一路上山，怎么连一片红叶也看不见？

老人说：“你先别急，一上半山亭，什么都看见了。”

我们上了半山亭，朝东一望，真是一片好风景。茫茫苍苍的河北大平原就摆在眼前，烟树深处，正藏着我们的北京城。也妙，本来也算有点气魄的昆明湖，看起来只像一盆清水。万寿山、佛香阁，不过是些点缀的盆景。我们都忘了看红叶。红叶就在高头山坡上，满眼都是，半黄半红的，倒还有意思。可惜叶子伤了水，红的又不透。要是红透了，太阳一照，那颜色该有多浓。

我望着红叶，问：“这是什么树？怎么不大像枫叶？”

老向导说：“本来不是枫叶嘛。这叫红树”。就指着路边的树，说：“你看看，就是那种树。”

路边的红树叶子还没红，所以我们都没注意。我走过去摘下一片，叶子是圆的，只有叶脉上微微透出点红意。

我不觉叫：“哎呀！还香呢。”把叶子送到鼻子上闻了闻，那叶子发出一股轻微的药香。

另一位同伴也嗅了嗅，叫：“哎呀！是香。怪不得叫香山。”

老向导也慢慢说：“真是香呢。我怎么做了四十年向导，早先就没闻见过？”

我的老大爷，我不十分清楚你过去的身世，但是从你脸上密密的纹路里，猜得出你是个久经风霜的人。你的心过去是苦的，你怎么能闻到红叶的香味？我也不十分清楚你今天的生活，可是你看，这么大年纪的一个老人，爬起山来不急，也不喘，好像不快，我们可总是落在后边，跟不上。有这样轻松脚步的老年人，心情也该是轻松的，还能不闻见红叶香？

老向导就在满山的叶香里，领着我们看了“森玉笏”“西山晴雪”、昭庙，还有别的香山风景。下山的时候，将近黄昏。一仰脸望见东边天上现出半轮上弦的白月亮，一位同伴忽然记起来，说：“今天是不是重阳？”一翻身边带的报纸，原来是重阳的第二日。我们这一次秋游，倒应了重九登高的旧俗。也有人觉得没看见一片好红叶，未免美中不足。我却摘到一片更可贵的红叶，藏到我心里去。这不是一般的红叶，这是一片曾在人生中经过风吹雨打的红叶，越到老秋，越红得可爱。不用说，我指的是那位老向导。

（选自 1960 年《海市》）

参考书目

袁长平主编：《香山公园志》，中国林业出版社，2001

袁长平、杨宝生编注：《香山诗萃》，文化艺术出版社，1991

香山公园管理处编：《清乾隆皇帝咏香山静宜园御制诗》，北京工人出版社，2008

后　记

香山静宜园地处于北京西山山脉转折向东的枢纽部位，是东西向“三山五园”和南北向西山文化带的地缘交汇区域，位于西山文化带的核心位置，隶属“三山五园”皇家园林集群最西端，是西山文化带和历史文化景区的重要组成部分。其地势优美，林泉丰沛，拥有千余年的园林发展史。清朝康乾时期，选择香山之山林营造皇家园林，使皇家栖居林泉、避喧听政与天然景色融合，儒释道文化寄予天然意景的人文理念得以充分彰显，使其独具山岳风景之美和巧夺天工的园林美。

在历史角度看，香山是西山文化带中的文脉源头；从地理角度看，香山是西山文化带的地缘枢纽；从政治角度看，香山是西山文化带中的政治高地；从文化角度看，香山是西山文化带中的多元文化荟萃之地。特别是宗镜大昭之庙、孙中山纪念堂、双清别墅三处爱国教育场所，皆是具有“最高特殊”意义的纪念地。

宗镜大昭之庙是乾隆皇帝为六世班禅向其进京祝寿而修建的行宫，是加强民族融合的亲密见证，是祖国统一、民族团结的象征。不幸的是 1860 年毁于英法联军之手。

碧云寺孙中山纪念堂及衣冠冢是海峡两岸交往的重要平台，于 2017 年 8 月获评“北京市对台交流基地”，标志其将为两岸关系和平发展发挥更大作用。

双清别墅是全国爱国主义教育基地。毛泽东、朱德、刘少奇、周恩来、任弼时等老一辈革命家在此筹建了新中国，其作为中国共产党领导中国革命从农村走向城市的第一指挥部，中国共产党进京“赶考”的第一站，由革命党向执政党转折的第一纪念地，是中国共产党建党、建国史上的重要的红色记忆。

这三处场所在西山文化带中成为具有彪炳中国史册重要的纪念地，其历史文化政治意义非凡，弘扬其不同时期的历史文化，在促进首都全国文化中心建设具有重要的历史意义和现实意义。

香山公园的“十三五”规划，将公园发展的总体定位为“具有自然、文化双遗产潜质的世界名山和山林特色的皇家园林”，拥有“ 林泉自然生态、历史文化名山、皇家山地御苑、红色革命圣地”四大资源的历史名园。

近年来，北京市对“西山文化带”区域内的部分文物保护单位进行了有效的保护修缮，进一步促进了西山文化带建设与发展。目前，北京正努力打造全国文化中心，香山作为北京西山文化的核心枢纽，在“三山五园”中占据独特的历史、人文、生态地位，香山因其独特的自然禀赋、历史积淀和人文基础，发展潜力巨大，其园林景观与生态环境，迎来了前所未有的历史发展机遇。

香山作为具有自然、文化双遗产潜质的世界名山和山林特色的皇家园林，其肩负的重要历史使命和责任在今后的发展中，必将彰显深厚的文化底蕴和发挥核心地位作用。在西山文化带的建设中，公园积极搭建跨界联盟合作平台，不断融入“三山五园”皇家园林品牌打造，围绕公园四大文化特性，讲好香山故事，不断探索香山历史名园的保护与利用，其历史名园深邃的文化底蕴与魅力即将得到不断的提升和发展，为西山文化带的建设和京津冀协同发展、打造全国文化中心建设、构建全国知名旅游文化景区做出应有的贡献！

在此，特别感谢为此书提供印章的篆刻家王跃先生及提供照片的好友王奕、贾政、武立佳等。

2017 年 10 月 28 日